Philosophe et sociologue, directeur de recherche émérite au CNRS et docteur *honoris causa* de plusieurs universités étrangères, Edgar Morin est l'auteur d'une œuvre pluridisciplinaire abondamment commentée et traduite, dont l'ambitieuse *Méthode*, en six tomes, publiée chez Points.

Edgar Morin

HISTOIRE(S) DE VIE

Entretiens avec Laure Adler

Bouquins

ISBN 978-2-7578-9646-4

Préface
par Laure Adler

J'aime Edgar Morin depuis longtemps, et le fait qu'il vienne de franchir avec brio le cap du centenaire ne me rajeunit guère ! En apparence seulement, car fréquenter Edgar fait plutôt rajeunir que de donner envie de s'encroûter. Mais il faut avoir la forme pour le suivre dans ses rebondissements, dans ses argumentations, et dans ses réflexions. Car c'est une machine infernale à penser, Edgar Morin. D'ailleurs, même s'il fait semblant d'être un dandy nonchalant, Edgar travaille tout le temps. Travailler pour lui veut dire carburer, c'est-à-dire faire feu de tout bois : écouter un morceau de bel canto, aller lire un article de médecine de la revue *Nature* ou vérifier des sources scientifiques grâce à Internet à l'autre bout du monde fait partie de son minimum vital quotidien.

Tel un menuisier sur son établi, il assemble, compose, rassemble, réfléchit. On peut dire que sa pensée est artisanale dans le sens le plus noble du terme, tant, comme son maître Gaston Bachelard, il part du concret de l'existence pour en penser les complexités. Ce n'est pas pour cela qu'il n'est pas un grand théoricien, tout en demeurant un anti-techno et un anti-maître à penser.

Une de ses passions intellectuelles est le principe d'incertitude. Ne jamais croire que les choses sont figées, que les connaissances sont achevées, que la stabilité serait une forme de protection. Bien au contraire, le monde est en mouvement et les jugements définitifs sont, par essence, à bannir.

Edgar n'a pas d'école, Edgar n'a pas d'élève, mais ses idées cheminent.

Edgar est un baroudeur du savoir. Il n'a pas de permis de penser, pas de diplôme non plus – on ne dira jamais assez la force et la puissance des autodidactes – et il n'aime pas les terres circonscrites ni les domaines spécialisés.

Lui est le spécialiste de tout, c'est-à-dire de rien. Il se déplace en permanence avec, dans sa grande gibecière, beaucoup de connaissances dans différentes disciplines, mais aussi un sens de l'observation aigu, un amour de la vie, et beaucoup de malice.

Edgar l'indiscipliné.

Aujourd'hui, il est connu, célébré, archi-célèbre. Ça le fait plutôt rire, mais là n'est pas l'important pour lui : le principal, c'est de continuer à pouvoir penser.

Quand je l'ai connu, à l'aube des années 1970, il était plutôt isolé et seul de son espèce. C'est d'ailleurs ce qui faisait son charme. Ni mandarin ni gourou post-soixante-huitard, Edgar, à l'époque, défrichait déjà des champs sociologiques impensables pour les institutions : la rumeur, la mort, le rapport au territoire, le progrès. Il arrivait, tant bien que mal, à se faire financer et à avoir à ses côtés un auditoire d'étudiantes et d'étudiants, prêts non seulement à suivre ses séminaires, mais aussi à partir sur le terrain pour être acteurs de ce renouvellement disciplinaire de la sociologie que nous ressentions fortement.

Il y avait aussi autre chose : c'était la relation non hiérarchique qu'il établissait avec les élèves, qu'il considérait comme ses alter ego et avec qui il passait du temps. Nous étions encore en pleine redéfinition du rapport professeur/élève : nous détestions les « sachants » qui délivraient du haut de leur chaire un savoir « frigide », mais nous n'avions que peu de considération pour ceux qui, ayant le statut de professeur, ne le fassent plus guère, sous prétexte qu'apprendre n'était plus à l'ordre du jour.

Edgar, lui, se tenait au milieu : avec lui, nous avions l'impression de participer à l'élaboration de son savoir et nous avions aussi la sensation que chacun de nous était coauteur d'une recherche collective qu'il appelait de ses vœux et à laquelle nous avons eu la chance de participer.

Avec lui, le savoir était mouvant, sensible, en redéfinition permanente, et chaque événement de la vie quotidienne pouvait en être la source. Une manifestation étudiante, un concert à l'Olympia, une conversation avec un voisin sur le temps d'avant, etc.

C'était ce rapport au sensible qui nous attirait et déjà la capacité phénoménale d'Edgar d'apprendre des savoirs nouveaux et de mettre en tension des champs disciplinaires émergents pour éprouver « sa propre discipline » et la mettre en danger.

Car Edgar, c'est l'inverse du monsieur je-sais-tout pontifiant. Au contraire, il est celui qui dit qu'il ne sait pas grand-chose, mais qu'il va peut-être apprendre quelque chose.

Edgar est un déstabilisateur, un opérateur de conscience, un pourfendeur des vérités établies. Un chercheur insatisfait aussi. Jamais il ne se contente de ce qu'il possède, ni de ce qu'on lui dit.

Pour ses savoirs multiples, il utilise énormément les nouvelles technologies comme sources de savoirs hybrides. Sa méthode de mise en doute systématique des certitudes acquises va de pair avec une forme d'humanisme. Il recherche toujours ce qui peut être le plus respectueux, le plus fraternel pour chacun d'entre nous.

Utopiste, Edgar ? Pas vraiment. Plutôt réaliste joyeux. Le fait même d'avoir traversé son siècle lui donne une certaine expérience mémorielle, mais aussi corporelle et sensorielle du XXe siècle, et lui permet de réfléchir avec profondeur et sérénité sur notre présent agité. Là encore, il ne fait pas le vieux sage ou celui à qui on devrait un très grand respect, en raison du poids de ses années. Mais il se vit comme un chercheur passionné à la poursuite du raisonnement le plus juste, fondé sur la connaissance la plus approfondie. Comme le chasseur de papillons avec son filet, il court dans la forêt du réel à la recherche de parcelles de vérité.

Edgar faisait partie de ses professeurs avec qui on allait déjeuner, puis dîner, puis danser. Comment voulez-vous qu'on s'éloigne d'un monsieur, qui non seulement nous apprend des choses sur notre vie, mais qui est toujours gai comme un pinson, et qui est un dispensateur de bonheur ?

Ces entretiens se sont déroulés sur un temps long, certains sont datés car ils correspondent à des moments précis de notre histoire, et certains propos sont circonstanciés. Chaque fois qu'il se passait un événement important, je n'avais qu'un seul réflexe : appeler Edgar pour lui demander comment il le ressentait et comment il pouvait le mettre en perspective. Ainsi parle-t-il, par exemple, dans cet ouvrage de la tragédie du 13 novembre 2015 et de la pandémie du Covid, qui est loin d'être terminée.

Toujours Edgar recontextualise et nous permet de réfléchir. Il est, comme l'a si bien écrit Hannah Arendt, un intellectuel qui « pense l'événement ». Il apprivoise le temps court pour l'inscrire dans une durée et en projeter les éventuelles conséquences dans l'avenir.

En cela, il est une sorte de maître des horloges tant ils sont rares, ces intellectuels, capables d'embrasser de par leur vécu et leurs analyses le XXe et le XXIe siècle.

Voir Edgar pendant toutes ces années fut une leçon d'optimisme. Naturellement bienveillant, il ne prend jamais la pose et enracine ses raisonnements sur le socle d'un vécu. À la fin de son magnifique dernier livre intitulé *Leçons d'un siècle de vie* publié au printemps 2021, Edgar écrit : « Tout ce que j'ai fait de bien a d'abord été incompris et mal jugé. Et pourtant je n'ai ni voulu ni cherché à être atypique ou rebelle. »

Avec ce braconnier du savoir, partons donc en voyage sous la forme qu'il affectionne : le vagabondage.

1

Une enfance tourmentée

Laure Adler – Vous souvenez-vous des yeux de votre mère ?

Edgar Morin – J'ai une photo d'elle, donc ce regard est présent à moi, restitué par cette photographie. Elle avait un regard très aigu. Cependant, je ne me souviens pas de sa voix. J'ai été très surpris quand une voisine, qui habitait dans le même immeuble, m'a raconté, trente ou quarante ans plus tard, qu'elle entendait encore la voix de ma mère qui m'appelait.

L. A. – Vous êtes un grand philosophe, sociologue, intellectuel engagé dans de nombreuses disciplines, de l'écologie à la science, de la philosophie à la politique. Jamais vous n'avez transigé avec la vérité. Dans votre livre *Autocritique*, publié en 1959, vous expliquiez comment, après avoir adhéré au Parti communiste pendant de nombreuses années, vous avez décidé de le quitter. Vous avez pratiqué l'art autobiographique comme une élucidation de votre propre itinéraire, mais aussi de celui des intellectuels qui ont appartenu au XXe siècle. Je me souviens aussi du très beau livre co-signé avec votre fille Véronique Nahoum-Grappe, publié en 1989, consacré à votre père et qui s'intitulait *Vidal et les siens*. Pourquoi a-t-il fallu autant de temps – soixante-dix ans – pour que sorte ce texte sur votre mère ?

E. M. – C'est le fruit du hasard. J'ai écrit ce texte quand j'avais 25 ou 26 ans. Ce n'était pas pour me libérer, mais par un besoin incoercible. J'ai gardé ce secret totalement en moi. Je n'en avais même pas parlé à mes meilleurs amis.

L. A. – Pourquoi ne parliez-vous pas de la mort de votre mère ? C'était indécent ?

E. M. – D'abord parce que j'avais l'impression qu'être orphelin était une tare au milieu de tous les autres, qui avaient chacun leur mère. Mais c'était aussi parce que les conditions dans lesquelles elle est morte, les mensonges qu'on m'avait racontés, les souffrances que m'avaient causées l'incompréhension de ma famille et ma propre incompréhension à leur égard, m'avaient inhibé. Pendant des jours, ma famille ne m'avait même pas avisé de la mort de ma mère. Je l'avais, par moi-même, un jour comprise et ce jour-là, je suis allé m'enfermer dans les toilettes pour sangloter. Mon père a cru que j'avais la diarrhée et m'appelait ; je lui assurais que tout allait bien. C'était donc une douleur profondément secrète. Même quand j'ai écrit ce livre plus tard, je ne voulais pas heurter mon père, notamment à cause du rôle de ma tante dans cette histoire. Je ne pensais surtout pas à la publication. Je ne voulais pas objectiver cette chose. Au fil des déménagements, des voyages, cependant, j'ai toujours emporté ce texte dactylographié. Je ne sais pas comment j'ai toujours réussi à le garder, le perdant parfois, mais le retrouvant toujours. Quand l'éditeur d'Actes Sud m'a demandé un essai, je lui ai expliqué que la seule chose que j'avais, c'était un roman à peine romancé, concernant la mort de ma mère. Cela l'a intéressé, je lui ai envoyé le texte et le directeur littéraire a trouvé cela publiable. J'en suis très content maintenant. J'en suis même plus content que de tous mes autres livres.

L. A. – Pourquoi éprouvez-vous ce sentiment de libération, après la publication de ce livre sur votre mère ? Est-ce une sorte de réconciliation avec un passé vénéneux qui vous empêchait de respirer ?

E. M. – Ce n'est pas tant une libération qu'un contentement de la faire revivre en dehors de moi. C'est une femme qui ne vivait jusqu'alors qu'à travers moi. Mon père l'avait oubliée, il avait eu une liaison. J'étais par ailleurs fils unique. Donc elle n'existait que pour moi. Or, je lui ai donné une existence publique et c'est ce qui m'a contenté. Cette publication était pour moi une joie, bien qu'en relisant les épreuves, il m'arrivât encore de pleurer. À mon âge aujourd'hui, je n'ai pas oublié ma mère, pas seulement parce qu'elle est morte dans des conditions tragiques, mais parce que j'étais enfant unique, qui nc pouvais être que tel, car ma mère avait une lésion au cœur, ce qui faisait qu'elle ne devait pas avoir d'enfant. Elle a voulu avorter de moi mais elle a raté. J'étais enfant unique et seul objet de son adoration, car elle n'aimait pas tellement mon père. En retour, elle était l'objet de mon unique adoration. Aussi, tout ce qui m'est arrivé dans la vie, des bonheurs, des malheurs, ne me l'a jamais fait oublier. Une fois, je suis allé, à la suite d'une très grande fatigue, chez une masseuse, qui avait une conception quelque peu ésotérique de son métier. À travers la sensibilité de ses doigts, elle sentait les choses. Elle m'a fait un très long massage de deux heures, et quand elle a terminé, elle m'a dit que pendant qu'elle me massait, ma mère était venue me visiter. Cela m'a semblé à la fois vrai et faux. C'est curieux comme elle reste présente en moi d'une façon indélébile.

L. A. – Vous aviez quel âge quand votre mère a disparu ?

E. M. – J'avais 10 ans et c'était terrible, car c'est à partir de 9-10 ans qu'on a conscience de la mort comme anéantissement de l'autre, et pas seulement comme une simple disparition.

L. A. – Vous êtes un spécialiste de l'approche de la mort et du comportement que les vivants ont à l'égard de la mort. Vous avez été un des premiers à avoir abordé ce sujet avec votre livre *L'Homme et la Mort* en 1951. Il a fallu cependant attendre que vous atteigniez vos 96 ans pour que vous puissiez finalement avoir le courage de sortir ce livre.

E. M. – Ce n'est même pas le courage mais l'acceptation d'autrui, l'acceptation de la stimulation. Quand j'ai voulu écrire mon livre *L'Homme et la Mort*, que j'ai commencé en 1948-1949, peu après ce manuscrit, je pensais non seulement à la mort qui m'avait frappé à travers celle de ma mère, mais aussi à celle de mes amis morts en déportation dans des conditions atroces. La mort était pour moi le scandale absolu et j'avais besoin de l'élucider. On ne peut jamais comprendre la mort, même si on connaît les raisons scientifiques et biologiques, mais je voulais comprendre les attitudes humaines devant la mort. C'est pourquoi j'ai fait cette vaste enquête remontant à la préhistoire, à l'histoire des sociétés, à la psychologie.

L. A. – Ainsi, on peut comprendre vos engagements intellectuels et vos thèmes de prédilection sociologiques, à travers l'histoire de votre propre enfance.

E. M. – Certainement, d'autant plus que la mort de ma mère a généré chez moi deux sentiments antagonistes : d'une part, un désespoir, un nihilisme profond. Je ne pouvais croire en rien, d'autant plus que mes parents ne m'avaient pas donné une morale, une éthique, une philosophie profonde et, d'autre part, un besoin d'amour, comme s'il y avait eu en moi une hémorragie d'amour. Ce sont ces deux sentiments qui m'ont guidé dans ma vie. Mon nihilisme s'est nourri en effet par la suite de la lecture de Montaigne. Il a pris une dimension autre, celle du scepticisme liée à un sentiment de détresse humaine, de malheur que j'ai trouvé aussi chez Dostoïevski, Tolstoï et Tchekhov. C'est cela qui m'a finalement orienté. Toute ma vie reste déterminée par ce conflit permanent entre le doute et le besoin d'amour, de foi et de communication.

L. A. – Dans votre livre *L'Île de Luna*, roman fictionné où l'on comprend rapidement qu'il s'agit de votre propre expérience de la disparition de votre mère, vous faites des observations sociologiques qui peuvent apparaître très étranges aujourd'hui. Ainsi vous réalisez que votre père et toute votre famille vous ont caché les circonstances de cette mort, comme si la mort était obscène, était un secret.

E. M. – Mon pauvre père voulait m'apprendre progressivement les choses. Il disait qu'elle était partie en cure à Vittel. Ma tante me disait qu'elle était en voyage au ciel. Je savais que c'étaient des imbécillités. J'avais horreur de ces « conneries ». Mais mon père croyait que c'était en l'apprenant brutalement que ce serait douloureux.

Il ne comprenait pas que j'avais besoin de lui dire au revoir. J'ai prononcé cet « au revoir » que je n'avais pas pu dire à ma mère, par le biais d'un rêve, en Californie. J'avais en effet invité mon père et sa nouvelle femme, qui était ma tante à me rejoindre à la Jolla et, la veille de leur arrivée, j'ai rêvé que ma mère arrivait d'une colline, sortant d'un bus avec d'autres personnes ; elle descendait la colline, vers moi qui courais l'embrasser. Je lui disais « au revoir » et elle me disait qu'elle ne pouvait pas rester longtemps car elle devait prendre un train. Le fait de lui avoir dit au revoir, même en rêve, de façon imaginaire, m'a procuré de la joie, même si j'avais aussi du chagrin au matin. Je me souviens qu'elle écoutait souvent « El Relicario », une chanson espagnole triste et mélancolique. Après sa mort, cette chanson était sur un disque que je faisais tourner sans cesse et que, finalement, j'ai appris par cœur. C'est une chanson éternelle pour moi. J'aime la chanter aux moments importants de la vie. Les paroles de la chanson racontent le départ d'un torero. Une très belle femme le voit, est attirée par lui. Il la voit aussi et lui demande de mettre le pied sur sa cape, de façon qu'il fasse un reliquaire qu'il pourra garder. Dans la deuxième strophe, il torée et le taureau le blesse à mort. Le torero s'adresse une nouvelle fois à la femme pour lui suggérer de mettre de nouveau son pied sur sa cape pour en faire un reliquaire.

L. A. – Beaucoup de choses ont évolué dans nos mentalités dans le rapport à la perte d'un être proche. Vous expliquez que vous n'aimiez pas du tout porter le brassard noir. Vous l'enleviez dès que vous étiez loin de votre famille qui vous obligeait à le porter. Je me souviens d'un temps où il y avait des personnes vêtues de noir quand elles venaient de vivre un deuil. On vous a tout caché, mais vous saviez, à votre insu, la vérité, car les enfants la connaissent toujours.

E. M. – Ce n'était même pas à mon insu puisque j'ai vu mon père vêtu tout de noir. J'ai compris qu'il était en deuil et que ma mère était morte. Il n'a pas compris qu'en étant habillé tout en noir, il me révélerait tout.

L. A. – Donc, vous vous êtes fait des histoires sur l'absence d'histoire. Cela vous a rendu plus malheureux que si la vérité vous avait été énoncée.

E. M. – Absolument ! Je comprends qu'on puisse faire un pieux mensonge de quelques heures ; mais cette attitude, qu'il a crue très bonne, a été pour moi néfaste et a gâché mes rapports avec ma famille pendant plusieurs années.

L. A. – Vous apostrophez la mort, vous la convoquez. On a vraiment l'impression que vous toréez avec cette mort qu'on vous a cachée, qu'on a recélée.

E. M. – C'est là effectivement un paradoxe. En même temps que je la regarde, que je l'affronte, que je veux la regarder en face, je fais une opération d'exorcisme, qui est bien sûr insuffisante. Ce qui m'est arrivé avec ma famille est, en fait, l'extrême tragédie du malentendu, qui arrive si fréquemment. Le malentendu était, en l'occurrence, que je les détestais pour ce qu'eux croyaient faire ce qui me ferait du bien. Et eux croyaient que j'étais un insensible, que je n'aimais pas ma mère, la preuve ayant été, selon eux, donnée lorsqu'au premier anniversaire de la mort de ma mère, ils m'ont proposé d'aller au cimetière et que j'ai refusé, en leur disant que je préférais aller au cinéma. Il a fallu des années pour que cet atroce malentendu se tasse et que mon père comprenne que j'adorais ma mère. Tout cela est passé désormais. Mais je vois maintenant mieux tous les problèmes qui existent dans les familles, les polémiques qui se créent. Nous sommes submergés, tués par le fait de ne jamais comprendre ce que va dire l'autre, ce qu'il pense. C'est un travail de salubrité publique que de lutter pour que nous nous comprenions les uns et les autres.

L. A. – « La mère était partie à jamais, il serait à jamais son orphelin, mais elle serait pour toujours sa déesse. » Dans *L'Île des morts* de Böcklin, il y a une île inatteignable, comme l'amour de votre mère. Vous avez réussi à la rejoindre quand même, grâce à l'écriture.

E. M. – D'abord, je voudrais dire que j'ai divinisé ma mère de façon naturelle, car elle s'appelait Louna, nom de cet astre, féminin par essence. J'attends les nuits de pleine lune. Concernant le tableau de Böcklin, qui m'a toujours habité, il me fait aussi penser à l'île des Morts à Venise San Michele. Dès que j'ai vu apparaître la lune, qui montait dans le ciel, je l'ai identifiée à ma mère. Encore aujourd'hui, la pleine lune me donne le sentiment d'entrer dans une sorte de communication avec elle.

2

Chercher, ce n'est pas forcément trouver

L. A. – Vous faites part, pour la première fois dans *Autocritique*, d'une réflexion anthropologique et philosophique qui va teinter l'ensemble de votre itinéraire intellectuel et de votre vie aussi de chercheur. Vous parlez avec insistance de ce mot « magie ». Que représente la magie pour vous ?

E. M. – La magie est, d'une part, une conception du monde d'où se dégagent certaines pratiques. Cette conception du monde est celle d'un monde fondé sur l'analogie universelle. Par exemple, un guérisseur peut, sur photo, intervenir pour soigner la personne. D'autre part, cela se fonde sur une capacité de commander aux phénomènes et aux événements de façon apparemment non naturelle, surnaturelle. La magie a des formes très atténuées qui sont très belles, comme la poésie. La poésie, c'est l'analogie. C'est une vision du monde autre que celle de la logique rationnelle qui domine la prose. Il y a un halo de magie qui nous entoure. Dans la vie, la magie est en sous-sol en chacun de nous.

L. A. – Mais la magie, c'est quelque chose qui n'est pas raisonnable, qui n'est pas de l'ordre de la rigueur scientifique. Or, vous, vous êtes un grand scientifique. Mais vous pensez que dans la création des concepts que vous avez élaborés et que vous continuez à élaborer sur la complexité du monde, sur la possibilité de faire s'interpénétrer les disciplines scientifiques et les disciplines humanistes, le rôle de l'occulte, du magique est encore important aujourd'hui ?

E. M. – Ce que j'essaye de faire, c'est d'avoir une conception rationnelle des choses et de la connaissance. Mais tout en reconnaissant les limites de la rationalité et de la logique. C'est-à-dire que je suis ouvert à la part inconnue du monde. La magie a toujours accompagné les sociétés et les civilisations qu'il s'agirait peut-être de mieux vérifier. Il y a des choses sur lesquelles je suis incertain.

L. A. – Aujourd'hui, nous sommes chez vous, à Montpellier. Il fait assez beau. Vous êtes habillé comme un jeune homme avec un petit foulard en soie autour du cou. Donc, je ne peux pas voir si vous portez ce que vous avez porté pendant des années et que vous portez peut-être encore, cette petite chose autour du cou qui éloignait les mauvais sorts de vous.

E. M. – J'ai des petits colifichets. J'ai quelques superstitions. Mais vous savez, à l'égard des superstitions, on y croit sans y croire. Il y a des choses que l'on garde par superstition mais aussi par sentiment. Par exemple, j'ai une bague qui est issue d'une petite chaîne en or que mon père m'avait donnée quand j'étais bébé. Quand j'ai eu quelques années, il l'a transformée en bague et c'est une bague que j'ai depuis l'enfance et que je garde aussi par sentiment. Pourquoi est-ce que je porte deux, trois ou quatre bagues ? Je n'en sais rien. J'ai envie de les avoir. Là, j'ai une bague où il y a les syllabes sacrées du bouddhisme. Je les ai comme ça. Je pense qu'il y a une part non rationnelle de ma vie. D'abord il y a la part que j'appelle poétique, qui n'est pas irrationnelle, qui est transrationnelle : c'est quelque chose qui est lié à notre vie, à l'épanouissement de notre vrai être. Il y a une magie dans les regards quand on aime, on peut être fasciné par un visage. Ce sont des choses que nous vivons d'une façon très importante et qui ne se résolvent pas dans des raisonnements, surtout quand elles sont poétiques. Je leur accorde une importance primordiale.

L. A. – Plus vous avancez dans l'existence, Edgar Morin, plus vous essayez d'élucider justement cette part de mystère à l'intérieur de votre propre vie. On a l'impression que vous voulez justement tenter de comprendre ce que ça veut dire, être en vie, qui vous a donné la vie et comment vous la conservez.

E. M. – Il y a eu d'abord le mystère de ma naissance puisque ma mère avait une lésion au cœur qui lui interdisait d'avoir des enfants, sinon en risquant sa vie. Et je ne sais pas pourquoi ni comment cela a été caché à mon père. Quand ils se sont mariés, ma mère a été une première fois enceinte. Elle est allée trouver une faiseuse d'anges, comme on le disait à l'époque. Il n'y avait pas d'interruption de grossesse légale et elle lui a donné je ne sais quel produit abortif et elle a avorté. Mais comme mon père a cru que c'était un avortement naturel, il lui a fait un nouvel enfant. Et là, ma mère a de nouveau cherché à avorter. Le polichinelle, si j'ose dire, s'est accroché. Il a résisté. Je pense que j'ai dû être déjà très perturbé par le poison qu'on m'a donné. Comme ma mère n'a pas pu avorter, mon père a été averti. Le docteur a dit « on sauvera la mère » et donc je suis sorti par le siège avec le cordon ombilical autour du cou. Il a fallu une demi-heure pour qu'en me giflant, le gynéco me fasse pousser mon premier cri.

Donc, ma mère devait me tuer pour que je vive et moi, je devais la tuer pour vivre. C'est un peu ça, mais on en est resté inconscients. Ça a conduit inexorablement au fait que je fusse fils unique et que j'aie vécu dans les jupes de ma mère. On a habité chez la sœur de ma mère, ma tante Corinne, qui, à un moment donné, a cru bien faire en me disant : « À partir de maintenant, c'est moi ta maman. » Cet acte qu'elle croyait de bienveillance, je l'ai pris pour une usurpation. Ma tragédie, ce n'est pas seulement d'avoir une souffrance indicible de la perte de ma mère, mais c'est aussi de vivre avec cette horreur du mensonge et un rejet de ma famille qu'en même temps, j'aimais. Donc, j'ai été dans une vraie solitude. La première fois que j'ai pu parler de ma mère, c'est quand j'avais 20 ans. Donc, si vous voulez, c'est un événement qui reste encore présent aujourd'hui. Elle reste présente dès que j'ai un chagrin, une douleur – c'est curieux qu'à mon grand âge, je sente encore cette chose d'enfant. C'est cicatrisé, mais c'est inguérissable. Je pense qu'effectivement, cette chose m'a tellement bouleversé qu'elle a failli me tuer, parce que l'année suivante, j'ai eu une maladie inconnue qui m'a donné des fièvres à 40-41 °C. Peut-être que c'était inconsciemment que je voulais mourir comme elle, mais j'ai été sauvé. J'ai acquis peut-être une double résistance à la mort. D'abord en tant qu'embryon en ayant résisté au produit abortif. Et deuxièmement, après cette maladie, dont on m'a sauvé, j'ai été hanté par le problème de la mort de ma mère. Et puis après, pendant la Résistance, j'ai dû subir la mort d'amis ou de parents qui ont été déportés. Donc, c'est l'événement de ma vie. Je dirais que c'est l'Événement de ma vie, avec un E majuscule. Ça m'a donné deux choses contradictoires. La première, c'est un scepticisme généralisé, un nihilisme. Parce qu'une fois que la mère est morte, que l'amour est mort, on ne croit plus à rien. La deuxième chose, c'est un besoin d'amour insensé. Mais j'ai été privé de tout ça jusqu'à l'âge de 20 ans. J'avais des copains, mais ce n'était pas ça. Du point de vue intellectuel, ça a été très important parce que d'un côté, j'ai lu Anatole France, qui était un écrivain qu'on ne lit plus aujourd'hui, et qui était très sceptique. J'ai trouvé qu'il me répondait, me comprenait. Et peu après, j'ai lu un auteur qui incarne tout à fait le contraire. *Crime et châtiment* de Dostoïevski, qui, lui, parle de l'amour rédempteur. C'est l'auteur qui a compris le mieux les pires souffrances de l'être, qui ne sont pas des souffrances de douleurs physiques, mais des souffrances morales et psychologiques. C'étaient mes deux sources. D'un côté, Tolstoï, Dostoïevski, et de l'autre, Anatole France, Montaigne et à leur confluence, Pascal. Pourquoi ? Parce que Pascal fait le pari de la foi.

Bien entendu, je n'ai aucune foi religieuse, mais j'ai fait le pari de la fraternité, de l'amour et j'ai pensé que c'était ça, ma voie. La voie d'Éros contre Thanatos. Inconsciemment, tout en maintenant la volonté de garder un esprit sceptique, de maintenir le doute, c'était surtout la voie de l'amour, de l'union, de l'amitié, de la fusion, etc. Et ma vie s'est trouvée guidée par cette relation complémentaire et conflictuelle entre le doute et la foi, la foi dans l'amour

– et non en Dieu – et la raison et la religion, la religion aussi, dans le sens de tout ce qui peut nous relier, de ce que j'ai appelé la « reliance ». Je ne sais pas, si ma mère n'était pas morte, si je serais allé dans ce sens-là, qui est exactement le sens de la complexité puisque je vivais animé par des pulsions contradictoires et qui, pourtant, étaient nécessaires l'une et l'autre. C'est peut-être ça, mon destin. Quand j'y pense, ma mère revient parce que je lui dois à la fois tout ce que j'ai perdu et tout ce que j'ai acquis. Par la suite, je me suis réconcilié avec mon père. J'ai compris sa vertu. Vous avez parlé de ce livre que je lui ai consacré, mais, bien entendu, j'ai mis beaucoup de temps à le comprendre et à la fin, je les ai mis dans le même tombeau l'un et l'autre, en dépit de tout ce qui est arrivé après.

L. A. – Il y a plusieurs Edgar Morin publiquement. Il y a l'Edgar Morin qui est célébré dans le monde entier. Il y a l'Edgar Morin qui a droit à des statues un peu partout dans le monde, sur qui on fait des colloques. Il y a beaucoup de publications signées Edgar Morin. Il y a des milliers de pages écrites. Il y a l'Edgar Morin anthropologue. Il y a celui de Plozévet. Il y a celui de la *rumeur d'Orléans*. Il y a l'Edgar Morin scientifique. Il y a l'Edgar Morin qui est parti avant tout le monde aux États-Unis, en Californie, qui a écrit ce journal magnifique, qui parle justement de cette jeunesse estudiantine et qui a découvert les nouvelles sciences. Il y a l'Edgar Morin de la pensée complexe. Tous ces Edgar Morin se confondent-ils en un seul ? Edgar, avez-vous plusieurs vies ?

E. M. – Plusieurs facettes, mais je crois une grande unité. La première unité vient de la façon de penser que j'appelle complexe, qui essaie de voir les multiples aspects, même contradictoires, d'un phénomène, qui essaie de voir les liens entre ce que, en général, notre éducation oblige à séparer. Cet unique personnage est animé d'abord par une réflexion sur la connaissance puisque la connaissance est en même temps une source permanente d'erreurs et d'illusions. C'est ça *Autocritique* aussi. J'ai en effet compris que le mal se trouvait dans ma connaissance. Cela m'a amené, dans mon livre *La Méthode*, à approfondir la recherche d'une recherche pertinente. Mais cette recherche est liée en même temps à ce qu'on ne peut plus appeler aujourd'hui « anthropologie », puisque l'anthropologie est circonscrite désormais aux populations sans écriture. Mais avant, c'était une réflexion sur l'homme. C'est, comme le fait mon ami Jean-François Dortier, ce sociologue qui embrasse toutes les sciences humaines, en parlant de toutes les disciplines, une humanologie. Dans le fond, je suis un humanologue. Quand vous regardez *L'Homme et la Mort*, *Le Paradigme perdu. La Nature humaine*, ce volume dans *La Méthode* qui s'appelle *L'Humanité de l'humanité*, ma préoccupation est : « Qu'est-ce que c'est que l'humain ? Qu'est-ce que c'est qu'être humain ? » C'est quelque chose qui n'est pas seulement individuel, mais social et biologique. C'est ça que j'essaie de comprendre. Si je veux comprendre ce que c'est que l'humain, je dois avoir une connaissance pertinente. Donc, la question de la connaissance et la question de notre humanité sont liées. Kant se posait la question : « Que puis-je savoir ? Que puis-je croire et que puis-je espérer ? » et il disait : « Pour répondre à cette question, il faut savoir ce que c'est que l'homme. » Je crois que je suis resté fidèle à cette question inséparable : « Qu'est-ce que l'humain ?

Qu'est-ce que la connaissance ? » C'est ça, l'unité de ma pensée.

Cette unité n'est pas seulement sur le plan de la réflexion, de l'étude. Elle m'a aussi poussé sur le plan de l'intervention, parce que je crois que quand on a une pensée humanologue, on se sent lié au destin de l'espèce humaine, on sent qu'on est une particule infime d'une aventure gigantesque qui non seulement a commencé avec la préhistoire, mais qui continue avec une certitude absolue, avec toujours de l'inconnu et des surprises, mais qui est la continuation de l'histoire de la vie et de l'univers. Je suis à un moment de cette aventure humaine et je ne peux pas me dissocier de cette aventure tout en sachant qu'elle est indissociable de celle de l'univers. Je sens que prendre le parti d'Éros contre Thanatos, c'est prendre parti contre les oppressions, contre les dominations, contre les mensonges, contre les cruautés, pour la compréhension, pour la fraternité, pour l'humanité. La Résistance a correspondu à ce désir chez moi. Et par la suite, j'ai senti que je devais continuer à être présent sur le front des deux barbaries qui déferlent aujourd'hui de nouveau. Voilà un petit peu ce qui constitue mon unité à travers les études les plus diverses, parce que ce sont les mêmes problèmes humains que j'interroge quand je cherche à comprendre Mai 1968 ou bien le problème de la mort.

L. A. – Comment s'est inventée votre pensée de la complexité ?

E. M. – Cette pensée est née d'abord de quelque chose de très personnel. Mon père ne m'a apporté aucune culture, donc j'ai dû chercher mes vérités tout seul, à travers mes lectures. Comme j'avais un tempérament assez plastique, que je n'avais pas une vérité ancrée en moi, chaque fois que je me confrontais à une théorie, je voyais ses apports, puis me confrontais à sa théorie contraire et la considérais comme tout aussi bonne. Quand j'étais adolescent, je pensais qu'il fallait faire une révolution, tout changer, et ensuite, j'étais persuadé de l'inverse, qu'une révolution détruisait alors qu'il valait mieux réformer. Je m'étais donc habitué à l'idée qu'il fallait chercher de l'humain dans toute chose.

Aussi, quand je suis devenu étudiant, je me suis inscrit en philosophie, discipline qui contenait d'ailleurs en son sein la sociologie. Je me suis également inscrit en histoire et en droit, car on y enseignait aussi la science économique et la science politique. Je me suis fait ainsi une culture dans plusieurs disciplines. Pour écrire mon premier grand livre, *L'Homme et la Mort*, je suis allé à la Bibliothèque nationale pendant un an, et je me suis rendu compte qu'à l'article « mort », à la bibliothèque, il n'y avait que deux ouvrages religieux. Donc il fallait que je cherche des informations dans la préhistoire, dans l'ethnographie, dans la science des religions, dans l'histoire, la littérature, même dans la psychologie de l'enfant, car il est démontré que c'est à partir de 9-10 ans que la pensée de la mort surgit chez l'enfant. Il a donc fallu que je fasse une balade dans toutes les disciplines. C'était une navigation merveilleuse pour moi, qui m'a permis de découvrir beaucoup de choses. J'ai lu les psychanalystes, pas seulement Freud, mais Ferenczi, Rank... J'ai dû aussi me replonger dans la biologie. Il m'a donc fallu rassembler tous ces éléments malgré leurs contradictions pour comprendre, par exemple, comment expliquer que, dans l'Antiquité, l'humanité ait une telle horreur de la mort alors qu'à ce moment-là, on croyait qu'il y avait une vie après la mort. Comment expliquer que des êtres humains soient prêts à donner leur vie pour sauver leur famille, leur patrie ?

J'ai fait de la complexité sans avoir le mot, à partir de ce moment-là. Je découvre le mot « complexité » au cours de mes recherches en Californie en 1969 avec la découverte du cybernéticien et systémiste W. Ross Ashby, qui fut le premier à définir la complexité comme indiquant la variété dans un système donné, l'unité dans la diversité. J'ai commencé alors grâce à d'autres lectures, comme celle de Heinz von Foerster et de John von Neumann, à voir que la complexité était un défi qu'on retrouvait dans tous les domaines. L'idée d'écrire un livre portant sur la méthode pour affronter le défi de la complexité m'est venue spontanément car j'avais le mot adéquat. Au début, je pensais qu'il fallait une connaissance complexe, puis une pensée complexe. Je pouvais l'appliquer dans mes propres recherches sur le terrain, comme sur Mai 1968. C'était donc une idée qui me venait de ma propre nature, et que ma curiosité de quadra puis de quinquagénaire m'a permis d'actualiser.

Il y a aussi ce fait important que soulignait mon ami et philosophe Jean-François Lyotard dans les années 1970 en affirmant que nous vivions la fin des grands récits. Il entendait par là que les grands récits communistes, marxistes ne tenaient plus. C'est vrai, mais il ne se rendait pas compte que cela ouvrait à d'autres grands récits. Michel Serres l'a bien vu. Il s'agit d'abord de nouveaux récits sur l'humanité : grâce à la découverte de Toumaï par le paléontologue Michel Brunet, on comprend que l'apparition de l'*homo sapiens* sur la Terre n'a eu lieu qu'il y a sept millions d'années, c'est-à-dire il n'y a pas très longtemps. On se rend ainsi compte que la vie organique a été faite avec les mêmes éléments chimiques que le reste de la matière. Mais son organisation est beaucoup plus complexe, comportant des qualités nouvelles. Un nouveau récit se met donc en place : celui de l'hominisation, de l'évolution biologique dont nous venons. Nos particules sont issues de celles qui font l'univers. Nous sommes entièrement des enfants du cosmos et de la planète, avec ces différences, certes, qui façonnent notre culture, notre conscience, notre cerveau. Il y a cependant désormais un grand récit possible, porté par toutes les sciences en même temps. Je suis un relieur, mon travail consiste à relier, voilà.

3

Résister

L. A. – Edgar Morin, vous êtes philosophe, sociologue, prophète de la modernité, inventeur du yéyé mais aussi de la complexité. J'aimerais revenir sur votre texte *Autocritique*, qui a eu un vif retentissement dans le monde intellectuel pour plusieurs raisons ; d'une part, parce que c'était le premier exercice d'un intellectuel qui disait pourquoi et comment il s'était auto-aveuglé ; d'autre part, parce que ce texte revêt une contemporanéité aujourd'hui par rapport à tout processus d'aveuglement ou de domination par des forces extérieures ou intérieures. Vous nous avez expliqué comment votre formation intellectuelle s'était faite, très jeune, grâce aux livres que vous aviez lus, puis grâce à votre manière de percevoir la guerre en Espagne, puisque vous avez été très proche des Républicains espagnols. Puis à l'aube des années 1940, après avoir pensé que vous étiez plutôt pacifiste, vous avez basculé, comme Simone Weil, du côté de la Résistance. Maintenant, parlons-en, de la Résistance. À partir de quand, pourquoi et comment êtes-vous entré dans la Résistance ?

E. M. – Il faut d'abord rappeler que l'offensive nazie sur l'Union soviétique est déclenchée en juin 1941 et avance

en faisant des millions de prisonniers, en envahissant une grande partie de l'URSS, notamment l'Ukraine, jusqu'à arriver en décembre 1941 aux portes de Moscou. À ce moment, nous autres, de l'extérieur, nous pensons que, malheureusement, l'Union soviétique est fichue. Je me souviens d'ailleurs d'un article d'Emmanuel Mounier dans la revue *Esprit* qui disait que l'hypothèque communiste était enfin levée.
Or, il s'est avéré que l'armée allemande s'est trouvée embourbée dans des pluies diluviennes inattendues puis congelée par un gel précoce. Staline, et nous le savons maintenant, sachant par son agent au Japon, Richard Sorge, que les Japonais n'attaqueraient pas la Sibérie, a pu faire déplacer, grâce à une logistique formidable, organisée par Joukov de l'Extrême-Orient jusqu'à Moscou, les troupes aguerries qui se trouvaient alors en Sibérie. Celles-ci étaient bien entraînées, munies de Katioucha et de chars. Joukov, nommé commandant du front de Moscou, déclencha le 3 décembre 1941 une première offensive, qui provoqua la première défaite nazie, la première victoire soviétique, sauvant Moscou en refoulant à 200 kilomètres les troupes allemandes. Deux jours plus tard, le Japon attaquait Pearl Harbor et les États-Unis intervenaient dans la guerre qui devînt mondiale. Au début de l'année 1942, l'espoir est réapparu alors que, jusqu'alors, les probabilités étaient à la domination durable de l'Allemagne sur l'Europe.

Poussé par des amis militants communistes, je commence à participer à des petites actions : nous inscrivions sur les murs « À bas Pétain, à bas Vichy, à bas la relève » – la relève étant une mesure de Vichy qui consistait à envoyer des volontaires travailler en Allemagne pour obtenir en échange le retour de quelques prisonniers de guerre. Ces actions, à première vue, ne comportaient pas beaucoup de risques, mais tout de même elles pouvaient se révéler dangereuses : ainsi il y avait une équipe voisine de la nôtre qui, bêtement, avait mis les mêmes inscriptions sur le mur le long du canal et sur celui du commissariat. Ils ont tous été arrêtés.

Un changement psychologique s'opère alors en moi : je prends conscience que des milliers de jeunes partent à la guerre, risquent leur vie, que moi je pourrais certes me cacher, partir en Espagne, mais que ça m'est moralement impossible. La plupart des résistants étaient jeunes ; nos responsables avaient autour de 28 ans. Il y avait un romantisme de la jeunesse. Ce sentiment de résistance s'est donc fortifié en moi, avec l'espoir d'un monde meilleur, incarné par l'Union soviétique. Je comprenais qu'il fallait lutter pour cela. Et il n'y avait pour moi aucune contradiction entre mon communisme et le gaullisme. J'ai participé d'ailleurs à un mouvement qui n'était pas communiste, le mouvement de Résistance des prisonniers et déportés. Il y avait quelque chose en moi qui se mettait en mouvement. J'avais encore des craintes et des doutes mais je me souviens très bien, grâce aussi au journal intime que je tenais à cette époque-là, qu'un soir, alors que j'écoutais la musique à la radio, j'ai entendu l'ouverture du *Vaisseau fantôme* de Wagner. Il y a eu pour moi une sorte d'appel exaltant. Je me suis dit que c'était le moment de partir à l'aventure. J'ai écrit dans mon journal : « Est-ce que j'ai vraiment la foi ? De toute façon, il faut y aller. » Je ne cessais alors de faire, par camaraderie, de petits actes résistants dangereux.

Quand l'armée allemande envahit la zone sud, à la suite du débarquement des Anglo-Saxons en Afrique du Nord, comme j'étais très connu des milieux résistants à Toulouse, je décide de partir à Lyon avec mon ami Jacques-Francis Rolland à la Maison des étudiants. Nous sommes alors à la fois étudiants communistes et aux Forces unies de la jeunesse patriotique (FUJP) qui relient les jeunes de tous les mouvements de Résistance. Nous commençons une Résistance plus active jusqu'au printemps 1943, car c'est alors au tour de ma classe d'âge de partir en Allemagne. En effet, je ne m'étais pas signalé comme juif et n'avais pas de tampon sur ma carte d'identité. J'avais pris officiellement le nom de famille de ma mère, Béréssi. Nous devions donc partir rejoindre les Francs-tireurs et partisans (FTP) dans les maquis. Mais, par Clara Malraux, j'ai fait la rencontre d'André Ulmann, responsable de ce mouvement de Résistance, né dans les stalags, et qui se développait en France. Il m'a recruté parmi ses adjoints et j'ai plongé dans l'illégalité totale. Il m'a donné un faux papier de rapatriement du nom d'un prisonnier de guerre, Gaston Poncet. Je me suis fait faire ainsi de vraies cartes d'identité, de ravitaillement de textile, de tabac, etc. au nom de Poncet. Je suis devenu un total clandestin.

L. A. – Morin n'est pas votre vrai nom. Vous vous appelez Nahoum. Morin, c'est le nom de résistant que vous avez pris.

E. M. – C'est aussi le fruit du hasard. Nous avions des pseudonymes. Le mien était Edmond. Quand j'ai pensé à juste titre que la Gestapo me connaissait, j'ai décidé de changer. Le nom de Manin me plaisait, parce que c'était le nom d'un des héros de *L'Espoir* d'André Malraux, son roman sur la guerre d'Espagne. Manin était aussi le patronyme d'un héros réel de la Résistance vénitienne contre les

Autrichiens. Par ailleurs, ce Manin était aussi un marrane, d'ascendance juive convertie. Je devais aller à Toulouse à une réunion de Résistance. Une camarade m'attendait à la gare et je lui ai dit que désormais, je m'appelais Manin. Sauf que quand nous sommes arrivés à la réunion, elle a dit : « Je vous présente le camarade Morin. » Tout le monde m'a appelé alors Morin, et c'est ainsi que je suis devenu Morin sans l'avoir voulu. J'ai gardé ce nom comme nom de plume mais j'ai gardé pour l'état civil mon nom de naissance. J'ai une double identité, et j'ai d'ailleurs toujours vécu doublement, par exemple lorsque j'étais en même temps communiste et gaulliste.

L. A. – Dans cette période de la Résistance, vous avez rencontré Marguerite Duras, Robert Antelme et Dionys Mascolo, que vous évoquez dans *Autocritique*. Vous avez aussi rencontré François Mitterrand, quand il était résistant. Or, à la fin de son second mandat de président de la République, quand est sorti le livre de Pierre Péan *Une jeunesse française* qui accusait François Mitterrand d'avoir été un collaborateur voire un collaborationniste, d'avoir joué un double jeu avec Vichy, vous vous êtes porté garant de l'authenticité de la Résistance de Mitterrand. Est-ce qu'on peut revenir sur cet idéal de la Résistance, sur ce qu'il représente aujourd'hui, et à cette zone grise, qui a été sans doute un peu instrumentalisée, où d'anciens collabos ont pu devenir résistants ?

E. M. – Mitterrand était un prisonnier évadé. Le seul point sur lequel Vichy a désobéi aux conventions de l'armistice concernait l'injonction à renvoyer les prisonniers de guerre évadés en Allemagne. Le régime de Vichy accueillait, grâce à son secrétaire d'État aux prisonniers, qui s'appelait

Maurice Pinot, les prisonniers, leur fournissait des papiers, etc. Mitterrand est ainsi accueilli à Vichy, sympathise avec Pinot, et c'est effectivement le début de sa période pétainiste. Mais dès 1942, avec l'occupation allemande de la zone sud, une partie des vichyssois qui étaient patriotes passent à la Résistance. C'est le cas de Mitterrand. Il crée alors un mouvement de Résistance. J'étais à ce moment même dans un autre mouvement de Résistance, créé également par des prisonniers de guerre, dans lequel il y avait Michel Cailliau, le neveu de De Gaulle, un homme extrêmement courageux. C'était un chef intrépide, mais ce n'était pas un politique, à la différence de Mitterrand, qui avait déjà cette stature-là.

Ainsi, au moment où il a été décidé de fusionner les deux mouvements, Cailliau pensait que c'était lui que son oncle de Gaulle allait choisir pour diriger. Mais Mitterrand avait de très bonnes relations avec Henri Frenay. Il s'est ainsi fait envoyer à Alger pour se faire adouber. Bien que de Gaulle ait reçu une lettre de Michel Cailliau qui disait que Mitterrand était un vichyste, qu'il fallait l'envoyer à l'armée d'Italie, de Gaulle interrogea son gouvernement provisoire, qui était majoritairement favorable à Mitterrand. C'est donc Mitterrand qui fut nommé à la tête du mouvement, bien que de Gaulle et lui n'aient jamais sympathisé.

Je suis resté en relation avec Michel Cailliau que j'estimais beaucoup, mais aussi avec Mitterrand. J'ai vu que c'était un homme courageux, intrépide, presque téméraire ! Il couchait rue Dupin dans l'appartement de la sœur de Robert Antelme où se tenaient les réunions de son groupe. Il a échappé de justesse à la Gestapo car la seule chose qu'il faisait par sécurité, c'était de téléphoner à Minette, la sœur de Robert, pour savoir si tout allait bien avant de rentrer à son appartement. Le soir où il y eut une descente de la Gestapo, elle a dit « Monsieur, vous vous êtes trompé de numéro ». Mitterrand a téléphoné de nouveau. Elle a répété la même chose. Mitterrand a compris. Il n'est pas venu à la réunion et la Gestapo, ce jour-là a arrêté plusieurs des membres du mouvement à l'appartement.

François Mitterrand a donc été un grand résistant, avec beaucoup de charisme. Les jeunes générations ignorent qu'à l'époque, nous étions très contents quand quelqu'un quittait Vichy pour rejoindre la Résistance. Le général de Lattre de Tassigny et le maréchal Juin sont venus de Vichy. Il y a quand même eu de nombreux cas équivoques, avec des administrateurs qui venaient de l'appareil d'État vichyste et qui ont donné des informations et des gages à la Résistance, comme Bousquet et Papon, qui ont fait valoir cette aide aux résistants lorsqu'ils ont été jugés et ont pu ainsi se faire acquitter. Il a fallu de nombreuses années pour qu'on découvre leur véritable rôle dans les rafles. Concernant Mitterrand, il est vrai qu'il avait des amitiés partout, qu'il avait un réseau extraordinaire, mais c'était quand même un grand résistant.

J'ai beaucoup plus de souvenirs précis de cette époque de la Résistance que des années 1970 ou 1980. Il y avait des événements qui scandaient notre vie comme la bataille de Moscou ou Stalingrad. Notre vie était marquée par ces événements guerriers, avec tout d'abord le triomphe des armées nazies qui semblaient vouloir dominer toute l'Europe, puis le renversement brutal avec la contre-offensive de Joukov et puis l'attaque, deux jours après, de l'armée japonaise de la base de Pearl Harbor qui a fait basculer la guerre.

Dans mon engagement, il y avait deux facteurs déterminants : tout d'abord, ma formation adolescente était très antistalinienne. Je connaissais toutes les critiques contre l'Union soviétique. Il m'a donc fallu un long travail lorsque j'étais communiste pour effacer tous ces défauts évidents : je réinterprétais les procès de Moscou comme des événements du passé, liés à la bureaucratie tsariste. Je me persuadais que ces défauts n'apparaîtraient plus et que s'épanouirait un socialisme fraternel après la victoire. Dans le fond, Staline a été lié à Stalingrad, donc on s'est convaincus que même si c'était un homme dur, c'était un instrument de l'histoire qui permettrait d'arriver au socialisme.

Pour comprendre mon état d'esprit, il faut considérer le fait que, même si j'étais un garçon assez timoré, j'avais compris la différence entre survivre et vivre. Je pouvais survivre en me cachant, en allant vivre en Espagne, etc. Mais pour vivre, il fallait risquer sa vie, car une lutte dantesque se livrait entre Bien et Mal, et pour vivre, il fallait y participer. J'étais jeune, mais il faut parler de ces gens rares comme Clara Malraux, malgré une enfant en bas âge – Florence –, s'étaient engagés. Le poète Jean Cassou par exemple était lui aussi père de famille. Moi, j'avais une compagne, Violette, mais je n'avais pas de responsabilités familiales. Avec l'ivresse de la jeunesse, nous avions l'impression de ne risquer que notre vie propre en nous engageant.

Ma résistance s'est poursuivie avec une double identité. J'étais d'un côté communiste et de l'autre, je participais à un mouvement gaulliste. J'étais comme toujours rattaché par un cordon ombilical secret au Parti communiste. Mes camarades gaullistes savaient que j'étais de sentiment communiste, mais ignoraient que j'étais en rapport avec le Comité central du Parti, qui me donnait des instructions et à qui je transmettais les informations. J'avais parfois un peu honte de ce double jeu mais j'étais très content car je vivais dans le monde des résistants normaux, qui se fréquentaient au restaurant, qui se rencontraient fréquemment alors que les résistants communistes étaient en banlieue, dans un système très rigide et dogmatique. J'avais même une troisième identité, mon identité légale.

L. A. – Dans *Autocritique*, vous nous expliquez que votre engagement dans la Résistance vous a permis de vous affilier à une idée de solidarité internationale et de développer un sentiment d'appartenance au Parti communiste. Est-ce parce que vous avez été résistant que vous êtes devenu communiste ?

E. M. – J'ai eu ce sentiment de solidarité internationale dès l'adolescence. La preuve en est que mon premier acte politique, quand j'avais 15 ans, a été d'aller à l'organisme Solidarité internationale antifasciste, qui était d'origine libertaire, et qui faisait des colis pour l'Espagne républicaine, notamment pour la colonne anarchiste Durruti. Je n'ai jamais eu, sans doute à cause de mes origines, l'idée qu'un peuple devait mériter le mépris ou le rejet. C'est pour cela que jamais je n'ai employé le mot « boche », mais ai toujours utilisé le mot « nazi ». Mon adjoint dans la Résistance était un Allemand qui avait fait la guerre d'Espagne. Je n'ai jamais été antiallemand. Aussi, j'éprouvais ce sentiment de solidarité internationale bien avant d'être communiste. Bien entendu, quand je suis devenu communiste, cette idée a continué à s'épanouir. Beaucoup de mes camarades étaient comme moi, ne prenaient pas part à la propagande du Parti, qui était chauvine, sectaire et imbécile. Il y avait une interprétation historique, un peu hégélienne, l'idée d'une ruse de la raison. Aujourd'hui encore, tout en me considérant comme français, patriote, je me sens citoyen du monde, de la Terre qui est notre mère, et je suis de plus en plus sensible à toutes les souffrances que subissent les opprimés, y compris les Palestiniens.

Je crois qu'il y a deux choses qui ont joué dans ma sensibilité internationaliste. Mes parents étaient deux immigrés de culture française à Salonique. Mon père adorait Paris. C'est à l'école que j'ai incorporé l'histoire de France, aussi bien Vercingétorix, Bouvines, la Révolution française, Austerlitz, etc. J'ai eu un patriotisme d'enfant qui ne m'a jamais quitté, sur lequel s'est greffé mon sentiment internationaliste. J'ai d'ailleurs toujours aimé le mot de Jaurès qui disait : « Un peu de patriotisme éloigne de l'Internationale, beaucoup de patriotisme en rapproche. » J'ai donc adhéré au communisme parce que c'était un mouvement de libération mondiale de l'humanité dans son principe. Là où j'ai commis une erreur de jugement, c'est que j'ai pris l'idéologie pour la réalité. Je pense que je suis resté tel quel depuis mon adolescence jusqu'à aujourd'hui. J'ai conservé toutes les aspirations de mon adolescence, après avoir perdu cependant toutes mes illusions.

L. A. – Pourquoi avez-vous gardé ce nom de résistant, jusqu'à aujourd'hui ?

E. M. – Pour deux raisons. Tout d'abord, sur mes papiers officiels, c'est mon vrai nom, Edgar Nahoum, qui figure toujours. Mais je me suis dit que si j'étais bien le fils de mon père, j'étais aussi le fils de mes œuvres. Certaines personnes ont changé complètement d'identité après la Libération. J'ai eu cette tentation également, mais je me suis dit que c'était mieux de conserver cette double identité. Elle peut parfois m'embarrasser, car quand on m'invite à une conférence dans un pays étranger, on invite Edgar Morin, et il faut alors que je prouve qu'Edgar Morin est Edgar Nahoum. Mais tantôt j'étais Morin, tantôt j'étais Nahoum et tantôt Poncet. Je me souviens qu'une fois, pendant la guerre, mon ami Rolland m'a incité à rencontrer une prostituée dont il vantait les qualités érotogènes. Je le suivis à Pigalle où nous la rencontrâmes, puis cette très belle femme me fit monter dans un hôtel, où il y avait beaucoup d'officiers allemands dans les couloirs. Alors que nous étions dans une chambre, qu'elle commençait à vouloir me toucher, je réalisais que j'étais circoncis. Je perdis alors tous mes moyens. Elle fut très déçue et me laissa donc tomber pour aller faire une partouze avec des officiers allemands ! Il y a eu un téléscopage entre mes différentes identités dans cette situation. À l'exception de cet épisode, j'ai cependant toujours été à l'aise dans cette multiplicité identitaire !

L. A. – Vous avez beaucoup vécu dans la région de Montauban qui était une ville qui accueillait les réfugiés.

E. M. – Oui, c'était le cas de toute la région. Les familles paysannes accueillaient non seulement de nombreux réfugiés de la zone nord, mais aussi des Juifs, quand il y avait les rafles contre eux. Je me souviens que Violette, ma compagne, était d'origine périgourdine, et que sa famille avait accueilli notamment Vladimir Jankélévitch. C'était une paysannerie tout à fait républicaine, de gauche, animée d'un grand sentiment d'hospitalité.

La personne la plus remarquable que j'ai rencontrée était Mme Robène à Pechbonnieu. Elle avait plusieurs enfants, et accueillait malgré tout des résistants, dont Jean l'Allemand, ancien marin de Hambourg, férocement antinazi, que j'ai connu par Clara Malraux, et qui devint plus tard mon adjoint, avant d'être arrêté par la Gestapo.

Dans ce village, nous étions protégés par cette femme. Selon le nombre de membres de sa famille et des réfugiés qu'elle accueillait, elle attribuait à chaque personne un certain nombre de coups de sifflet pour l'appeler. Moi, j'en avais six. Quand nous revenions, Jean et moi, du travail clandestin de nuit, nous étions toujours accueillis par une bonne soupe, avec la chaude affection de cette femme. Elle faisait partie de ces gens merveilleux qui savaient les risques qu'ils prenaient, et qui n'avaient pas seulement le sens de l'hospitalité, mais celui du cœur.

Il y eut une fusion entre mon mouvement, qui comptait de nombreux responsables et qui s'était développé, avec le sien, qui comprenait essentiellement des anciens prisonniers de guerre. En effet, quand les Allemands ont envahi la zone sud, toute une partie de Vichy avait créé une armée secrète, et transgressait notamment un des points de la convention d'armistice stipulant que les prisonniers évadés devaient être renvoyés en Allemagne. Vichy ne les renvoyait pas et les accueillait. Le ministre des Prisonniers, Maurice Pinot, était un patriote, à la fois vichyste et contre l'Occupant. Pinot n'a pas pu se mettre en avant dans le mouvement car c'était un ministre et c'est donc Mitterrand, qui avait 28 ans, qui a pris la tête du mouvement résistant. Il a été extrêmement courageux, pour ne pas dire téméraire, en dépit de l'adversité du neveu du Général.

Michel Cailliau a eu un rôle important dans l'histoire, malgré lui, car c'est lui qui est allé plaider, auprès de son oncle à Alger, la non-légitimité de François Mitterrand, qui a pris la tête du mouvement résistant en dépit de l'adversité du Général. Il disait même à son oncle : « Envoyez-le dans l'armée d'Italie ! » Mais Mitterrand avait en France le soutien d'Henri Frenay qui a réussi à obtenir le soutien à Alger de certains ministres de De Gaulle. En dépit de l'antipathie qui s'est très rapidement installée entre de Gaulle et François Mitterrand, de Gaulle a été très loyal car il a suivi l'avis de ses ministres et a nommé Mitterrand responsable. C'est donc ainsi que j'ai pu rencontrer François Mitterrand que j'ai dès le début beaucoup estimé.

L. A. – Comment avez-vous vécu la période de la Libération et ces jours particuliers ?

E. M. – J'ai vu progressivement que la victoire était de plus en plus probable. Il y a tout d'abord eu le tournant de Stalingrad, puis celui de la gigantesque bataille de Koursk entre les blindés allemands et ceux des Soviétiques, qui tourna en faveur de ces derniers. Quand ceux-ci sont rentrés en Pologne, on a compris que ce cours de l'histoire devenait irrésistible et cela a abouti au débarquement. Cela n'a pas empêché les angoisses, car les Alliés ont été à un moment bloqués sur les plages du Débarquement. Néanmoins, heureusement de Gaulle et Leclerc ont obtenu le détachement de la colonne Leclerc pour libérer Paris. Ce n'était pas initialement dans les plans d'Eisenhower, qui ne voulait pas perdre son temps dans un siège de la ville de Paris. Or, nous avions fait l'insurrection à Paris, qui durait depuis dix jours mais commençait à s'asphyxier par manque d'armes et de ravitaillement. Nous avions érigé des barricades mais les Allemands continuaient de circuler sur les grands boulevards et possédaient encore un certain nombre de bâtiments. C'était donc une situation assez angoissante.

Je me souviens qu'une nuit, j'étais sur le toit de la maison des prisonniers, avec des amis. Nous voyions des rougeoiements provenant de bâtiments périphériques : les Allemands mettaient le feu à des archives dans les ministères qu'ils occupaient. Brusquement, toutes les cloches de Paris se sont mises à sonner. Nous avons alors compris que les Alliés arrivaient. Une sorte de rumeur a commencé à circuler selon laquelle ils étaient place de l'Hôtel-de-Ville. Nous avons quitté la place Clichy en pleine nuit et atteint la place de l'Hôtel-de-Ville au petit matin, où nous avons vu ces chars Leclerc en haut desquels des hommes pleuraient de joie, nous-mêmes, nous en pleurions ! Ce fut l'extase historique la plus grande que j'aie vécue. Paris n'était pas encore entièrement libéré cependant : il a fallu quelques jours pour que cela se fasse.

L. A. – Cette période de la guerre reste intacte dans votre mémoire. Quel enseignement politique gardez-vous de cette période ?

E. M. – Je pense que nous avons vécu dans une fraternité de résistants, en dépit de toutes les dissonances. Après la guerre, je suis retombé dans une vie ordinaire, où je trouvais les gens mesquins, petits. Pendant un an ou deux, je n'ai pas pu fréquenter des gens qui n'avaient pas fait la Résistance. C'était sûrement injuste, car il y a certainement eu des gens bien qui ont été obligés de se terrer. Je n'ai cependant pas pu supporter ce retour à la vie prosaïque et c'est pourquoi je suis parti en Allemagne, rejoindre la première Armée.

Avant de partir en Allemagne rejoindre la première armée, j'ai organisé une exposition qui s'appelait *Crimes hitlériens*, dans laquelle je voulais rassembler les premiers éléments temporels sur la libération des camps, notamment avec la libération d'Auschwitz par les Russes qui est survenue avant la fin de la guerre, mais aussi sur la création des camps en 1933 destinés à enfermer les Allemands antinazis. Pour faire cette exposition, je me suis retrouvé affublé de petits bureaucrates lamentables, qui voulaient appeler l'exposition *Crimes allemands*. Je leur ai rétorqué que ce n'étaient pas des crimes allemands mais hitlériens. J'ai également été marqué à tout jamais, et je dirais que cette marque est encore plus prégnante en moi maintenant, par de nombreux personnages, héros, qui firent preuve d'un courage, d'une attitude remarquables, pas seulement comme résistants mais aussi comme responsables politiques, comme Pierre Hervé ou le colonel Degliame-Fouché, qui sont aujourd'hui complètement ignorés. On ne se souvient que de ceux qui ont fait une carrière journalistique ou politique comme Claude Bourdet, François Mitterrand ou Georges Bidault. L'oubli de tous ces hommes remarquables aujourd'hui me chagrine. Je me rends compte que c'est un trait général dans l'histoire. Si l'on prend l'exemple de la guerre d'Algérie, ceux qui sont devenus des responsables politiques après la déclaration d'indépendance étaient ceux qui avaient un minimum d'éducation. Pourtant, certains paysans ont été des combattants plus héroïques que les intellectuels et ont été néanmoins complètement oubliés. Certaines choses ont quand même été ressuscitées comme le programme du Conseil National de la Résistance permettant de sortir de l'oubli mon ami Stéphane Hessel qui a pu expliquer aux jeunes générations la force des propositions qu'il contenait, et la puissance d'idées qui pourraient encore être utilisées aujourd'hui. On avait tous un espoir, un espoir illusoire. Ce n'était pas le propre des communistes, puisqu'on le retrouvait aussi bien chez Camus ou d'autres. Nous étions tous persuadés que rien ne pourrait plus être comme avant et qu'on évoluerait désormais vers une société meilleure. Nous étions persuadés que la France nouvelle serait bien mieux que la France d'avant. Ce fut une déception. Néanmoins, nous avons gagné la liberté, des réformes sociales.

L. A. – Pensez-vous que cette période si douloureuse est aujourd'hui assez enseignée, connue des jeunes générations ? Pensez-vous qu'on fasse un travail de mémoire en France aussi important que celui du peuple allemand ?

E. M. – Je crois qu'on ne l'enseigne pas assez et pas assez bien. En effet, il n'y avait pas que de la gravité dans la Résistance : c'était aussi une aventure, qui appelait à la ruse. Par exemple, à Paris, à l'époque, les portières du métro se fermaient automatiquement dès que la rame arrivait, ce qui permettait d'être sûr de ne pas être suivi par des agents de la Gestapo, ce qui était notre hantise. Je guettais donc le moment où le portillon se fermait, vérifiais toujours qu'il n'y avait personne derrière. C'était ça, la ruse. Néanmoins, il y avait aussi des moments tragiques. Je repense à cet épisode avec mon ami Jean Krazatz, cet ancien marin allemand qui était devenu mon adjoint. Nous avions tous les deux rendez-vous au cimetière Vaugirard, car il était facile dans ce lieu désert de voir si l'un de nous était suivi. J'arrive là-bas et ne le vois pas. Dans un premier temps, je ne m'inquiète pas du tout, je savais qu'il habitait un hôtel rue Toullier près de la Sorbonne. Je décide d'aller voir s'il était dans sa chambre, mais quand j'arrive à l'accueil, je vois que la clé n'est pas sur le portant. Il habitait alors au deuxième étage. Je dis à Violette, qui m'accompagnait, de m'attendre. Arrivé au premier étage cependant, je suis pris d'une terrible fatigue soudaine, inexplicable, j'ai décidé de redescendre et j'ai laissé un mot pour Jean à la concierge de l'hôtel. Il y avait une souricière de la gestapo dans la chambre. Notre amie Gaby Bounce arrêtée. Jean lui aussi fut arrêté, torturé. Il avait une fausse identité française et n'avait pas d'accent quand il parlait français. Or, sous les coups, sous l'effet de la douleur, il se mit à parler en allemand et là ils l'ont massacré et assassiné sur place. Il y a eu ainsi beaucoup de tragédies.

Nous avions effectivement d'immenses espérances. Cela ne concernait pas seulement les communistes, les socialistes, mais l'ensemble des résistants, qui pensaient qu'on allait vers une société nouvelle, beaucoup plus juste, équitable. D'ailleurs, le fameux programme du CNR indiquait cette perspective, celle d'une démocratie régénérée, d'une démocratie sociale, d'une démocratie ouverte. C'est vrai que nous avons eu une première période d'euphorie, mais il y a eu rapidement la guerre froide avec ce double phénomène : d'un côté, la mainmise progressive de l'Union soviétique sur les pays de l'Est qu'elle avait libérés des nazis. Comme le disait la déclaration impérieuse de Churchill, un rideau de fer était tombé sur l'Europe.

Des scissions se sont créées dans ce monde intellectuel où nous nous fréquentions tous : Albert Camus, Jorge Semprún, Raymond Queneau venaient chez Marguerite

Duras. Il y avait initialement une sorte de fraternité, mais des dissociations sont apparues progressivement. D'autre part, en dépit de quelques conquêtes sociales, incontestables, nous sommes entrés dans un monde prosaïque, où les anciennes structures demeuraient. Du côté des résistants, ceux qui ont pu faire une carrière journalistique ont en quelque sorte pu continuer à être dans le dynamisme d'une activité qui prolongeait celle de la Résistance, à l'image de Claude Bourdet, Mitterrand lui-même, Gilles Martinet. D'autres, non.

En ce qui me concerne c'est un peu curieux parce que, comme j'étais à la fois communiste et gaulliste, je commençais à devenir louche pour chacun de ces camps. Je me trouvais le cul entre deux chaises. J'ai fait un article dans le journal de notre mouvement, qui s'appelait *Libre*, un journal quotidien. Cet article s'intitulait « Où sont les philosophes ? ». J'y disais que les philosophes n'étaient plus dans les chaires de philosophie ou à l'université, mais étaient les soldats des armées libératrices. C'était un peu grotesque, j'avoue, mais j'étais dans une ivresse hégélienne. Un ami, qui s'appelait Georges Le Breton, m'a dit : « Ah tiens, je ne savais pas que les troufions étaient des philosophes ! » J'ai connu aussi des échecs journalistiques. On m'avait proposé de travailler dans un journal qui s'appelait *Action*, issu de la Résistance, et d'y faire une tribune régulière. J'avais écrit un bel article qui disait que désormais, la dictature du prolétariat n'était plus nécessaire et qu'il suffisait d'avoir une domination du prolétariat. Je voulais dire par là qu'il n'était pas nécessaire d'avoir les mêmes contraintes terribles contre les libertés que celles qui existaient en URSS, qu'on pouvait accepter des libertés. Vladi Leduc, un des responsables du journal, m'a dit qu'il n'y avait que des membres du Comité central qui pouvaient écrire des articles comme cela, pas moi, et j'ai donc été balayé. Toutes mes tentatives pour trouver une issue, en écrivant, se trouvaient vouées à l'échec.

C'est alors que j'ai eu l'idée de faire une exposition qui s'intitulait *Crimes hitlériens*, parce que, je me souvenais, j'avais eu connaissance du livre brun qu'avaient publié des anciens antinazis, communistes, socialistes, chrétiens, contre les crimes des nazis. On découvrait à ce moment-là les camps de concentration, avec l'entrée des Alliés en Allemagne. Moi-même, j'avais lu déjà, sous l'Occupation, un article dans le bulletin de l'AFP clandestine, traduit de l'anglais, d'un déporté, échappé d'Auschwitz et qui racontait l'extermination massive, notamment des Juifs. J'ai été très ému par tout cela, et j'ai décidé de faire une exposition sur les crimes hitlériens. Le ministère de l'Information m'a donné un certain nombre de bureaucrates pour m'assister. De plus, dès le début de cette ouverture, Marguerite Duras et Dionys Mascolo avaient été d'accord pour collaborer avec moi. Mais ces petits bureaucrates mesquins, qui n'avaient jamais fait la Résistance, les ont écœurés, et je l'ai été progressivement moi-même aussi. Un jour, j'ai dit à l'un d'eux qu'il n'avait pas fait la Résistance, et il m'a répondu que j'y étais bien obligé parce que j'étais juif !

Dans le fond, j'étais de plus en plus malheureux puisque j'étais directement passé de l'université dans la Résistance, je n'avais pas connu la vie prosaïque, mesquine, quotidienne et j'étais tombé dans le pire de cette vie-là. Quelques mois passèrent, je ne savais pas quoi faire, et, par chance, j'ai rencontré mon ami Pierre Le Moign', qui était une des personnes les plus formidables que j'aie connues dans la Résistance, évadé plusieurs fois. C'était pour moi un héros. Je l'ai rencontré dans la rue et il m'a dit que son ami Durandal cherchait des gens pour l'état-major de l'armée française qui allait entrer en Allemagne. Je lui ai répondu que je voulais en faire partie, et nous sommes partis, ma compagne Violette et moi, rejoindre cet état-major au début de février 1947, à Lindau. J'ai vécu de nouveau un peu poétiquement, parce que j'ai retrouvé de nouveaux amis, qui venaient du maquis de Franche-Comté que dirigeait Durandal, de son vrai nom Chazeau, un ouvrier devenu un haut responsable résistant. J'ai connu des gens qui, grâce à leur engagement au sein du Parti communiste, se sont transformés, se sont formés.

J'ai alors pu faire mon premier livre qui s'intitulait *L'An zéro de l'Allemagne* et portait sur l'Allemagne en ruines et décomposition, avec mes espoirs pour la démocratie allemande. C'était le premier livre qui n'était pas anti-Boche et qui portait des espoirs dans la démocratie allemande. C'était, à l'époque, contraire à la ligne du Parti communiste, qui était au contraire, très anti-Boche. Mais il s'est trouvé qu'au moment de la parution, Staline a déclaré que les Hitler passaient, mais que le peuple allemand, lui, demeurait, parce qu'il allait faire la RDA, et qu'il avait cessé de faire de la propagande anti-Boche. Il faut rappeler qu'à l'époque, Ehrenbourg, l'écrivain russe auteur du *Livre noir*, affirmait qu'il ne connaissait qu'une sorte de bon Allemand, l'Allemand mort. Maurice Thorez et le Parti communiste ont donc compris qu'il fallait changer de ligne et mon livre y a été utile.

Ce livre a eu le mérite d'exister et de poser des problèmes géopolitiques hors de la doxa et, du reste, c'est grâce à lui qu'une éditrice, chez Correa, Olga Venfer, qui a fait de très beaux travaux sur les camps de concentration m'a demandé un autre ouvrage. J'ai décidé d'écrire ensuite *L'Homme et la Mort*, qui est mon premier livre important. J'ai eu alors une époque de cafouillage. Je suis revenu à Paris, chez Marguerite Duras, et nous avons formé une vraie communauté, fraternelle pendant un an. Ce qui est certain, c'est que j'ai dû affronter des difficultés morales mais aussi financières. Robert Antelme et moi avions besoin de gagner notre vie et un camarade Fougerousse nous a trouvé, à la Fédération des déportés, à Robert, des responsabilités, et à moi, la gestion du journal *Le Patriote résistant*. C'est un journal où régnait une certaine langue de bois, et j'essayais de donner le meilleur, mais j'étais obligé de laisser publier certains articles. Ce qui s'est passé, c'est qu'il y a eu une crise au sein de cette fédération, et le Parti a renvoyé les deux membres qui combattaient pour la prééminence, et moi, le Parti m'a proposé de passer à *L'Humanité*, dans la rubrique culturelle. Quand on m'a convoqué au siège du Parti, j'ai expliqué que je n'étais pas d'accord avec la politique culturelle du Parti. J'ai demandé à être mis à un autre poste. On m'a demandé si j'avais des camarades qui pourraient parler de moi, et j'ai cité Pierre Hervé et Pierre Courtade. Courtade a eu la lâcheté de dire que j'étais devenu titiste. Donc j'ai été renvoyé et je suis devenu un chômeur intellectuel. Cela a été un grand malheur et un grand bonheur. Violette était professeure de philosophie en province : elle devait gagner de l'argent pour nos deux enfants et moi j'ai passé deux ans à la Bibliothèque nationale à travailler à mon livre sur la mort. J'étais très content. Je me suis inscrit au chômage, et le responsable du bureau de chômage m'a dit, quand il a vu mon *curriculum vitae* d'ancien commandant de la Résistance, d'ancien rédacteur en chef, qu'il ne pouvait pas me donner un travail digne de mes responsabilités. Il m'a demandé si j'accepterais un travail qui ne soit pas aussi élevé que ce que j'avais eu dans mon passé. Je lui ai répondu « mais oui, bien sûr ! ». Mais il m'a rétorqué qu'il n'en avait pas, et puis m'a demandé si, à la rigueur, j'accepterais de recopier des enveloppes. Je lui ai répondu pourquoi pas, mais il m'a dit que, malheureusement, il n'y avait pas de travail disponible là-dedans non plus. Il a fallu attendre 1951 pour que je puisse entrer au CNRS ; j'étais dans ma trentième année, mais j'étais considéré comme un jeune chercheur, alors qu'à 21 ans, j'étais responsable chef de région de la Résistance, et jamais on ne me disait que j'étais un jeune responsable ! J'ai donc découvert que j'étais devenu jeune parmi les vieux à l'âge de 30 ans !

4

Le temps des camarades

L. A. – Edgar Morin, vous avez connu Marguerite Duras pendant la Résistance, puisque vous faisiez partie du même réseau. Vous avez participé ensemble à la libération de Paris. Votre lien d'amitié ne s'est jamais distendu et vous vous êtes ensuite retrouvés à Paris après votre séjour à Berlin, où vous avez eu des responsabilités militaires.

E. M. – J'étais en effet à Berlin, où j'avais des responsabilités au service de l'Information, de la Propagande et du Gouvernement militaire de la zone française d'Occupation. Je pouvais aller inspecter n'importe quelle zone d'Occupation. Quand je suis rentré à Paris, j'ai fait le récit de tout ce que j'avais vu à Marguerite. Robert Antelme, son mari, rescapé du camp de Dachau, dont il avait été sauvé par ses amis Beauchamp et Dionys Mascolo, se rétablissait et commençait à écrire son expérience de survivant, qui deviendra le chef-d'œuvre *L'Espèce humaine*. Robert allait fonder une maison d'édition, baptisée La Cité universelle, dont le premier ouvrage publié sera *Les Morceaux choisis de Saint-Just*. Il m'a demandé pourquoi je n'écrivais pas un livre à propos de tout ce que je leur racontais, car ce que j'avais vu était en effet incroyable : Berlin détruit, les gens désaxés, l'atmosphère de déclin. J'avais un rapport organique avec la rue Saint-Benoît, où vivaient Marguerite, Robert, et Dionys – qui était presque tout le temps là-bas, lui aussi. Quand j'ai quitté l'Allemagne, Marguerite nous a proposé, à Violette et moi, de venir nous installer chez elle. Aussi, il y avait dans l'appartement notre chambre, celle de Marguerite, celle de Robert et, sur un divan, Dionys. Nous avons vécu ainsi une communauté merveilleuse pendant presque deux ans. Avec beaucoup de fêtes, d'alcool, de rencontres, de liesse. Des amis, grands intellectuels, comme Merleau-Ponty, venaient souvent, Georges Bataille était un assidu. Il existait alors une ouverture, une convivialité réelles, qui rendaient tout très beau. Marguerite aimait beaucoup Édith Piaf. Elle mettait très souvent ses disques sur le gramophone. De l'écrivain, on ne parlait pas encore. Les écrivains, c'étaient les deux hommes de sa vie : Robert Antelme, d'un côté, son mari et Dionys Mascolo, son futur compagnon et amant de l'époque. Robert préparait *L'Espèce humaine.* Dionys n'avait pas encore écrit non plus, si ce n'est la préface à l'ouvrage sur Saint-Just. Marguerite, cependant, comme une abeille, travaillait. Son livre *La Vie tranquille*, son deuxième roman, était terminé au moment de la Libération. Comme j'étais lié aux responsables de l'hebdomadaire *Action* – qui allait être cependant rapidement débordé par le contrôle du Parti communiste –, j'avais fait dans le journal un article sur *La Vie tranquille*. C'était elle, l'écrivain. Elle donnait ses manuscrits à Dionys, qui jouait, sinon le rôle d'un Saint-Just, du moins celui d'un Paulhan. Elle soumettait aussi ses écrits à Robert. Elle était, à l'époque, un écrivain discret dans son métier. Quand elle recevait, elle parlait peu, faisait la cuisine, c'est pourquoi je dis qu'elle avait un côté « reine des abeilles ». Elle adorait chanter, plaisanter. Dionys et Robert eux, n'avaient pas ce goût permanent de la blague et de la vie, que moi, personnellement, j'avais. Elle nous chantait des chansons folkloriques, et moi je lui enseignais les chants révolutionnaires que je connaissais : *La Varsovienne*, la *Komintern*, etc. J'aimais aussi la chansonnette, donc nous avions cette complicité entre nous.

En politique, j'ai peut-être été le déclencheur de son adhésion au Parti communiste. Quand j'ai rencontré Dionys, je faisais partie d'un mouvement de Résistance, le Mouvement de résistance des prisonniers de guerre et déportés (MRPGD) mais j'y étais un sous-marin communiste, puisque j'entretenais des rapports secrets avec le Comité central du Parti. Mes camarades ne connaissaient pas ce secret, même s'ils savaient que j'étais communiste d'opinion. Robert, quand il est revenu des camps, m'a dit qu'une fois, lors d'une réunion rue Dupin, là où sa sœur et lui se sont fait arrêter, que quelqu'un avait murmuré : « Attention, Edmond va venir. Attention à ce qu'on va dire, car il est communiste ! » Edmond c'est moi ! J'étais donc bien repéré, et je ne me cachais pas. J'ai commencé à endoctriner Dionys, en lui disant que le communisme ne devait pas être confondu avec sa propagande, que c'était une idée grandiose, qu'il ne fallait pas se fixer uniquement aux aspects négatifs de l'Union soviétique, mais voir tout cela avec perspective. Nous avons ensuite tous les deux influencé Marguerite, puisque j'étais à l'époque dans une démarche très prosélyte. Mais le déclic, cependant, est venu de Marguerite elle-même, qui s'est inscrite la première à la section communiste du VIe arrondissement. Ensuite, Robert et Dionys sont allés s'inscrire. C'est ainsi qu'a commencé la vocation politique de Marguerite.

L. A. – À la fin de chaque réunion, vous aviez l'habitude de vous retrouver dans un café à Saint-Germain, le café Bonaparte. C'était une période assez difficile pour le communisme français, une période de crispation idéologique. De temps en temps, comme d'habitude, Marguerite et vous, vous plaisantiez. Vous vous moquiez notamment des dirigeants et des grands intellectuels communistes, qui représentaient l'idéal de l'intellectuel engagé. Cela ne vous a pas valu les faveurs des membres du Parti communiste, puisque Marguerite Duras a été exclue, ce qu'elle a vécu comme quelque chose de terrible.

E. M. – Marguerite avait pris tout à fait au sérieux son militantisme. Elle allait, par exemple, vendre *L'Humanité* à la sortie de l'église de Saint-Germain-des-Prés. Il est vrai que dans ce bistrot Le Bonaparte, nous étions très critiques vis-à-vis des intellectuels officiels du Parti comme Aragon. Par ailleurs, nous étions en désaccord profond avec la politique culturelle du Parti. On n'osait pas mettre en question la ligne politique du Parti, mais, en revanche, nous critiquions la ligne culturelle, que nous considérions comme une ligne de crétinisation des esprits. Le responsable de cette politique était à l'époque Laurent Casanova, membre du bureau politique, grand gaillard corse. Au cours d'une de nos réunions de bistrot, Eugène Mannoni, qui était journaliste à *Ce soir*, dit en plaisantant : « Moi je suis Corse, et je sais ce qu'est "Casa" : c'est un grand mac ! » C'était le propos le plus offensant qu'on ait prononcé au cours de cette soirée. Or, à cette réunion assistait Jorge Semprùn, qui est allé après la réunion voir un nommé Martinet, responsable du Parti pour l'arrondissement, et ils décidèrent tous les deux d'écrire un rapport à la section où ils affirmaient que nous tenions des propos absolument obscènes dans ce bistrot. Seulement, ils n'ont pas osé mettre le propos le plus scandaleux, celui de Mannoni, car c'était tabou de le citer. Ils se contentaient donc de dire que nous critiquions les grands camarades. À la suite de cela, le processus de dénonciation a été mis en place et a abouti à l'exclusion de Marguerite, de Dionys, de Robert, de Monique, qui n'était pas encore l'épouse de Robert, et du premier mari de celle-ci, qui refusait de se désolidariser de Monique. Moi, je n'appartenais plus à cette cellule, car j'avais déménagé entre-temps, parce que Marguerite et Violette étaient enceintes. J'habitais désormais à Vanves.

L. A. – Vous avez écrit lors de votre sortie du communisme *Autocritique*, qui reste un ouvrage important pour la compréhension du communisme et de ce qu'il signifiait à l'époque, c'est-à-dire une manière de vivre, un peu comme dans une tribu, une famille. Être communiste, c'était d'abord un rapport au monde. On ne croyait peut-être pas aux lendemains qui chantent, mais à un avenir qui serait meilleur ?

E. M. – Oui, et le fond de nos adhésions était religieux. C'était une croyance dans une grande communauté avec un grand espoir humain. C'est pourquoi j'ai tenté de comprendre les processus psychiques par lesquels j'étais devenu communiste puis comment je m'étais « déconverti ». Dans le fond, il y a eu cette évolution chez chacun de nous, mais Marguerite, elle, est restée fidèle à l'idée de communisme, tout en étant antistalinienne. Je la comprends parce que l'idéal communiste est magnifique : c'était l'idée d'une fraternité, d'une égalité, sans racisme, sans xénophobie. Le communisme, cependant, est un terme équivoque car on l'emploie aussi pour parler du régime totalitaire de l'URSS. C'était donc très difficile de faire la part des choses. Pendant des années, j'ai refusé de dire que je critiquais le communisme pour ce motif. J'affirmais ne critiquer que le stalinisme. Ensuite, je me suis rendu compte que ce n'était pas propre au stalinisme, mais qu'on trouvait déjà les germes du totalitarisme chez Lénine, puis que cela perdurait même après la mort de Staline. C'est donc devenu trop compliqué pour moi de parler du totalitarisme soviétique. Je comprends néanmoins qu'on puisse dire être communiste, tout en précisant que cela n'avait rien à voir avec le régime réel de l'URSS.

L. A. – Peut-on parler chez vous d'un communisme primitif, marqué par un esprit de communauté ? L'air du temps vous a permis à vous tous, qui formiez une communauté intellectuelle et artistique, de penser le monde. À l'époque, vous aviez un peu moins d'une trentaine d'années, et les prémices de la guerre d'Algérie se montraient déjà. Puis, très vite après l'exclusion du Parti, vous avez continué ensemble la lutte pour l'indépendance de l'Algérie.

E. M. – Il est vrai que, pour nous, le sens de la communauté vécue avait à voir avec l'idée du communisme. Concernant l'Algérie, tout a commencé par l'initiative de Dionys, qui voulait que nous fassions un comité contre la guerre d'Afrique du Nord – on parlait alors d'Afrique du Nord, car la guerre n'était pas tout à fait terminée au Maroc et en Tunisie. Les choses se sont concrétisées vraiment à la suite de la Toussaint rouge du 1er novembre 1954. C'est en 1955 que le comité s'est créé. Ce comité a obtenu des signatures de personnes qui ne signaient, jusqu'alors, jamais d'appels, comme par exemple Roger

Martin du Gard, François Mauriac. Il s'agissait, de plus, des intellectuels de différentes obédiences politiques. Le manifeste a donc eu un retentissement important. Nous nous sommes tous juré de ne nous séparer qu'une fois que l'indépendance de l'Algérie serait acquise. Nous nous sommes cependant séparés avant, pour différentes raisons, notamment à cause de l'insurrection hongroise. En effet, quand il a commencé l'insurrection hongroise, une partie d'entre nous, dont Dionys, Claude Lefort et moi, disions qu'il était impossible de lutter contre le colonialisme en Algérie, et de se taire, sur l'impérialisme soviétique en Hongrie, opinion que ne partageaient pas une partie des communistes et certains disciples de Sartre. Cela a provoqué une cassure dans le comité, qui ne s'en est pas remis. Par ailleurs, Dionys et moi avons aussi eu une rupture, mais qui ne concernait pas Marguerite, qui se tenait éloignée de ces histoires.

L. A. – Marguerite était quand même pro-FLN à l'époque, accompagnant Dionys et Blanchot, qui lanceront cet appel, resté fameux dans l'histoire, des 121. Elle prend des risques dans cette période.

E. M. – Bien sûr, mais elle ne suivait pas Dionys dans son inconditionnelle fidélité à ses convictions originelles. Quand de Gaulle est arrivé au pouvoir, il a par exemple signé un article dans une revue, le 14 juillet, dans lequel, au nom du peuple français, il condamnait de Gaulle à mort. Il y avait beaucoup d'exagération chez Dionys, que tentait de tempérer Robert Antelme. Marguerite, elle, n'est pas entrée aussi directement dans la politique. Elle était beaucoup plus dans *l'aide.*

L. A. – Elle a mis en pratique ses idées politiques en hébergeant chez elle des gens en difficulté pendant la guerre d'Algérie. Elle a servi de porteuse de valises. Elle n'a jamais eu peur de s'engager physiquement.

E. M. – Non, et même, avant la guerre d'Algérie, elle hébergeait des Marocains recherchés par la police. Elle avait un sens de l'hospitalité très vrai et profond.

L. A. – On a beaucoup reproché à François Mitterrand d'avoir rejoint la Résistance très tardivement, surtout quand il a été élu président de la République.

E. M. – Pas du tout, car il est normal qu'il y ait différents moments de survenue de la prise de conscience de la nécessité de résister.

L. A. – Quarante ans après les faits, Marguerite Duras a publié le carnet qu'elle avait tenu pendant la détention de Robert Antelme dans un camp de concentration, et qui s'intitulait *La Douleur*. Les critiques vont être nombreuses à accuser ce livre d'être un faux. Or, dans ce livre, elle raconte comment elle, la narratrice, a voulu séduire un collabo pour permettre la sortie de son mari, Robert Antelme, du camp où il avait été déporté. Elle raconte aussi à la libération qu'étant aux commandes d'un petit groupe de résistants, ayant la possibilité de torturer des gens accusés de collaboration, elle éprouve une certaine jouissance à procéder à ces arrestations puis à ces humiliations. Avez-vous assisté à ces moments-là ?

E. M. – Je n'ai pas assisté à des séances d'humiliation où peut-être officiait Marguerite. Je n'en suis pas sûr du reste. *La Douleur* n'est pas un document historique mais un document affectif. Néanmoins, j'ai assisté à une séance de ce genre une fois, lorsque nous avons arrêté quelqu'un de notre propre mouvement que nous soupçonnions d'avoir trahi. Nous étions dans cette phase de la Résistance où, après la première étape de l'insurrection, nous étions passés à une phase peu anarchique, puisque chaque mouvement avait ses propres prisons. La nôtre était un hôtel rue Beaubourg. Dionys et moi, nous sommes allés rencontrer ce garçon qu'on avait arrêté. J'ai été très choqué de voir, dans ces chambres transformées en cellules, des visages ensanglantés, des personnes très sauvagement passées à tabac. Ce spectacle m'a répugné. Quand on a vu ce garçon dans un état lamentable qui continuait de dire qu'il n'y était pour rien, j'ai dit à Dionys qu'il fallait laisser tomber l'interrogatoire, que le garçon n'était de toute façon plus dangereux puisqu'on avait gagné.

Pour en revenir à Marguerite, il ne faut pas oublier non plus qu'il y avait chez elle une part de mythomanie. A-t-elle vraiment torturé des gens ou a-t-elle pris à son compte des choses qu'elle a vues ? A-t-elle tout simplement inventé cela ? Ses écrits sont authentiques, certes, mais parfois, elle déforme la réalité. Par exemple, Monique Antelme n'est pas du tout d'accord avec la façon dont Marguerite parle de Robert. Je pense cependant que le fond de sa douleur est vrai. Elle avait une liaison avec Dionys, et Robert lui aussi avait une liaison avec une jeune femme. Tant que Robert était déporté, elle n'a pas pu faire l'amour avec Dionys, même si, avant que Robert ne soit arrêté, cette liaison ne posait pas de problème.

L'importance de Robert était énorme dans la vie de Marguerite, au cœur de sa fibre, non pas maternelle, mais de femme. Une femme qui peut être à la fois mère, fille, épouse et amante. Son amour pour Robert était ce qu'il y avait de plus profond pour elle. Il faut se rappeler qu'elle n'avait pas connu son père, qu'elle entretenait un rapport très tendu avec sa mère. Robert était donc essentiel dans sa vie. Certes, elle a beaucoup aimé Dionys, mais pas de la même façon. Cela explique pourquoi elle a tout fait pour libérer Robert. Elle avait appris que Delval, qui était un antiquaire, participait aux arrestations de personnes de notre mouvement. Elle l'a contacté, et je m'en souviens parce qu'à l'époque Dionys m'en avait parlé. Il avait en effet dû faire du repérage pour Marguerite. Le jeu qu'elle menait avec Delval était ambigu, puisque lui était devenu amoureux de Marguerite et nous tous étions au courant de la chose.

L. A. – Marguerite était une agent double ?

E. M. – Oui, une agent double, quelqu'un qui jouait à l'espionne. C'est une histoire trouble et claire tout à la fois. Elle a fait tout cela pour sauver Robert, sans le cacher. Au procès Delval, après la Libération, Marguerite est intervenue deux fois. Delval avait été mis dans le même sac que la bande Bonny-Lafont, composée de tortionnaires de la police gestapiste. On n'avait cependant relevé au sujet de Delval que quelques arrestations dans les derniers mois de la Libération, dont celles de notre groupe. Il n'avait pas un rôle central, plutôt un rôle de taupe. Néanmoins, la justice avait lié son cas à cette bande d'horribles tortionnaires et risquait donc la mort. Marguerite a témoigné dans un premier temps contre Delval en le désignant comme celui qui avait fait arrêter Robert. Puis, elle a été prise de remords et a fait une deuxième déclaration, dans laquelle elle a raconté que Delval lui avait dit une fois qu'il avait été dépêché pour arrêter une famille juive, mais que, quand il avait vu des portraits d'enfants dans la première pièce, il n'avait pas poursuivi l'investigation dans la maison, épargnant ainsi la famille. Cette deuxième intervention n'a pas eu d'influence. Elle voulait simplement montrer un autre côté de Delval. Il a néanmoins été condamné à mort.

5

Ma relation avec François Mitterrand

L. A. – Il faut donner du temps au temps, disait-il. Force est de constater que quarante ans après sa présidence, son image s'est profondément modifiée. Certains continuent à l'aimer et à défendre son héritage, d'autres le critiquent, revenant sur certains épisodes de son passé comme son rôle dans la guerre d'Algérie. Comment restituer les François Mitterrand ? François Mitterrand est parfois comparé à un secrétaire anglais avec de multiples tiroirs, tous bien scellés. Nous allons tenter d'aborder ensemble les François Mitterrand, car je pense qu'il y en a plusieurs. Vous l'avez connu jeune. Si vous deviez parler, aujourd'hui, à une jeune femme de 18 ans du François Mitterrand que vous avez connu, vous diriez que c'était qui ?

E. M. – Vous avez très justement dit qu'il y avait plusieurs François Mitterrand. Chacun a plusieurs identités et personnalités. Il y a plusieurs François Mitterrand dans le temps. Je l'ai connu pendant la Résistance. J'avais 21 ans, et lui, 28. Nous étions donc tous les deux jeunes. Ce qui m'a frappé chez lui, c'était sa témérité, son courage, son allant et son charisme, car il dirigeait un mouvement de Résistance, et j'observais que les membres de ce mouvement entretenaient un rapport personnel à son égard. C'est ce François Mitterrand qui m'a donc ébloui. Si je recontextualise, je faisais partie d'un mouvement de Résistance qui était né dans les stalags, où on trouvait beaucoup d'évadés comme Philippe Dechartre, Pierre Le Moign' ou Michel Cailliau, neveu de De Gaulle, un de Gaulle miniature – car il était de petite taille mais d'un grand courage.

Notre mouvement a fusionné avec le mouvement de la Maison des prisonniers de Vichy, dont faisait partie François Mitterrand. On lui a beaucoup reproché son passé vichyste, mais il est important de rappeler qu'à partir de 1942 avec le débarquement de l'Afrique du Nord, les grandes victoires soviétiques et l'occupation de la zone sud française par l'armée allemande, toute une partie de Vichy comme le maréchal Juin, le maréchal de Lattre, etc., a rejoint la Résistance. Il y avait ainsi une armée secrète vichyssoise passée à la Résistance et cela nous semblait, à tous, parfaitement naturel : nous ne le percevions pas comme une malédiction. François Mitterrand, avec ses appuis au Gouvernement provisoire d'Alger, a supplanté Michel Cailliau et est parvenu à se faire reconnaître responsable du mouvement fusionnel. Michel Cailliau ne l'a pas accepté et a créé un mouvement de scission. Je n'étais pas d'accord avec lui, même si je suis resté en très bons rapports avec lui, et je suis donc resté dans le mouvement. C'est ainsi que j'ai bien connu François Mitterrand. C'est cet homme-là, le résistant, qui reste pour moi, malgré les autres Mitterrand qui se sont succédé.

L. A. – Certains lui ont reproché d'être entré dans la Résistance trop tardivement. Est-ce exact ?

E. M. – Je ne pense pas. Il était lié à Maurice Pinot, qui était secrétaire d'État aux prisonniers de Vichy. Il faut se rappeler que le seul cas de non-respect par Vichy des conventions de l'armistice avec l'Allemagne concernait les prisonniers évadés que Vichy devait renvoyer immédiatement en Allemagne. Le gouvernement de Vichy, au contraire, leur donnait des papiers, et a mis en place des Maisons de prisonniers. Ces maisons, où l'on trouvait des évadés des camps nazis, des prisonniers, étaient des pépinières de Résistance. Je ne pense donc pas que François Mitterrand s'est engagé tardivement. Il y a eu effectivement ce grand tournant de 1942 dans la guerre, qui a coïncidé avec notre rencontre.

L. A. – Il dirigeait donc le Mouvement national de résistance des prisonniers de guerre (MNRPGD) et des déportés. C'est à Paris que le noyau de Résistance auquel vous avez appartenu a perduré, s'est organisé.

E. M. – Effectivement. C'est là-bas que nous avons fusionné. Je dois dire que je suis par ailleurs un peu responsable, en quelque sorte, d'une troisième fusion, secrète, car j'avais à l'époque une double identité : je faisais partie de ce mouvement de Résistancc gaulliste, mais j'étais en même temps communiste, et si je ne cachais pas mes opinions, je dissimulais ce cordon ombilical qui me reliait au Comité central clandestin du Parti. Quand j'ai évoqué auprès d'un responsable du Parti communiste cette fusion, il m'a dit qu'un mouvement communiste de prisonniers évadés allait lui aussi tenter de fusionner avec le MNRPGD. Mais il s'agissait en fait plutôt d'un mouvement fantôme. Bernard Pommier et Pierre Bugeaud ont ainsi été délégués par le Parti communiste au sein du MNRPGD. Aussi, comme conséquence de cette fusion, le mouvement a eu des instances tripartites, où je siégeais moi-même. Toute cette fusion et cette organisation se sont passées de façon très cordiale. La fraternité de la Résistance était plus importante que nos différences de trajets politiques.

L. A. – Vous avez dit que François Mitterrand vous avait ébloui à cette période de la Résistance. Pourquoi ? Quelles qualités avait-il ? Pourquoi dirigeait-il ce mouvement ?

E. M. – Tout d'abord, dans la fraction du mouvement qui venait de Vichy, qu'on appelait à l'époque le mouvement Pinot-Mitterrand, Maurice Pinot avait dû se mettre en retrait, car il avait occupé des fonctions officielles sous Vichy. Donc François Mitterrand était devenu le leader du mouvement. Quand la fusion a été opérée avec mon mouvement, et que s'est posée la question de savoir qui en serait le responsable, je me souviens que Michel Cailliau avait écrit une lettre à de Gaulle, pour lui dire pis que pendre de Mitterrand et de l'envoyer à l'armée d'Italie. Mais Mitterrand avait de très bonnes relations avec Henri Frenay, résistant d'importance à l'époque et qui avait de l'influence sur le gouvernement d'Alger. Mitterrand s'y est rendu et a séduit la plupart des membres de ce Comité de libération. De Gaulle a été très correct car, bien qu'il n'y ait eu dès le début de sympathie entre les deux hommes, il a adoubé François Mitterrand comme responsable du mouvement. Quand Mitterrand est revenu clandestinement d'Alger par avion, il était reconnu officiellement comme chef du mouvement. Nous l'avons tous accepté, sauf Michel Cailliau avec qui, du reste, je suis resté en amitié.

L. A. – À la suite de l'arrestation de Robert Antelme, mari de Marguerite Duras, vous cherchez à savoir dans quel centre il se trouve pour tenter de le faire évader. Vous n'y parvenez pas. Au moment de la Libération, se passe là encore un événement extraordinaire : François Mitterrand, missionné par le général de Gaulle, va se rendre dans les camps en Allemagne avec les armées française et américaine, et il va sauver Robert Antelme.

E. M. – Mitterrand est nommé à l'époque secrétaire d'État aux prisonniers et déportés. Il se rend en mission au camp de Dachau, alors récemment libéré. Ce camp était en quelque sorte un dépotoir des camps nazis car ceux qui y étaient provenaient, comme Robert, d'autres camps ou kommandos, et avaient été contraints de venir jusqu'à Dachau à pied, conduits par les SS qui abattaient sur la route tous ceux qui tombaient. Le camp de Dachau était donc surpeuplé, avec des cadavres partout. Les Américains, par ailleurs, en libérant le camp, avaient décrété une quarantaine à cause de l'épidémie de typhus. Mitterrand circule donc dans ce camp de Dachau, et entend une voix faible qui murmure : « François. » C'est Robert Antelme, qui est dans un état de faiblesse inouïe et qui parvient à se faire reconnaître de Mitterrand. Mitterrand ne peut cependant rien entreprendre immédiatement pour le faire sortir, à cause de la quarantaine. Quand il revient en France, il prévient immédiatement Marguerite Duras qu'il a vu Robert vivant dans le camp.

Dionys Mascolo, qui était à la fois l'amant de Marguerite et le meilleur ami de Robert Antelme, et Georges Beauchamp, décident alors de partir en voiture pour libérer Robert. Ils obtiennent tous les tampons qu'il faut pour franchir les barrages militaires et entrer dans le camp malgré la quarantaine, grâce à Mitterrand, et arrivent à Dachau. Ils entrent donc et parmi les tas de milliers de morts, ils trouvent Robert. Ils avaient pris la précaution de lui mettre une capote de militaire et un képi d'officier pour le faire sortir comme s'il était lui aussi membre d'une commission d'enquête. Ils le font donc ainsi sortir, en le soutenant, car il faut dire que si Robert Antelme était un grand gaillard, un colosse, il ne pesait qu'une trentaine de kilos en sortant du camp. Un médecin avait prévenu Beauchamp et Mascolo qu'il fallait qu'ils roulent lentement en voiture car le cœur de Robert n'était plus supporté par du muscle. Il ne lui restait que les artères et les veines. Ils prennent donc de grandes précautions pour rentrer à Paris. Robert n'était presque plus un homme mais ressemblait à un fantôme. Robert nous a d'ailleurs raconté quelque chose d'extraordinaire : au cours de cette longue traversée à pied pour aller au camp de Dachau, lors des pauses de marche, on demandait à tour de rôle à un camarade qui tirait les cartes qui allait s'en sortir. Quand ce fut au tour de Robert, il lui dit qu'il reviendrait et par ailleurs, qu'il accueillerait chez lui une militante. Entre-temps, Marguerite Duras était devenue militante au Parti communiste.

Ce qui a sauvé Robert, c'est qu'on a fait appel dès son retour à un médecin qui était allé en Inde et connaissait les cas de famine. Il savait ainsi qu'il ne fallait surtout pas le nourrir, mais lui donner du sérum physiologique. Beaucoup de déportés sont morts à la Libération car ils se sont rués sur les boîtes de conserve. Ce fut le cas de mon ami Joseph Recanati, qui avait été interné au camp de Mauthausen et avait survécu à cette expérience. Le deuxième miracle pour Robert fut donc ce médecin venu d'Inde, qui savait qu'il ne fallait pas alimenter ceux qui sont longtemps privés de nourriture. Il est resté très longtemps sur un lit et progressivement, il a retrouvé son métabolisme originel, soit celui d'un homme de 85 kilos !

L. A. – Vous n'avez pas coupé le lien avec François Mitterrand, ni avec Marguerite Duras, Robert Antelme et Dionys Mascolo. Vous faisiez partie de cette jeune génération qui avait fait la Résistance dite intérieure et en même temps, comme François Mitterrand, vous partagiez un peu cette idée que la victoire avait été confisquée par le général de Gaulle et la Résistance extérieure ; que cette France nouvelle, qui aurait dû sortir de ce mouvement de Résistance intérieure, avait été perdue, en quelque sorte, par le général de Gaulle, qui avait voulu concilier tous les Français ceux qui n'avaient pas fait la Résistance, soit la majorité des Français. Dans quel état d'esprit intellectuel, moral et politique vous situiez-vous après la Libération ?

E. M. – De Gaulle s'est surtout imposé dans le fond par rapport aux communistes. Le Parti communiste avait des milices patriotiques, c'est-à-dire des milices armées, des formations prérévolutionnaires en quelque sorte. L'Union soviétique de son côté ne voulait pas d'une révolution en France, car elle souhaitait que la France s'engage d'abord pleinement dans la guerre, donc Maurice Thorez a dissous ces milices patriotiques, faisant ainsi entrer le Parti communiste dans la légalité. Aussi, les espoirs d'une véritable révolution ont disparu de ce côté-là. Les autres espoirs d'une révolution humaniste se sont eux aussi effrités. Je dois dire que l'échec pour moi se situe surtout dans le fait que des grandes figures de la Résistance patriotique, dont les noms ont été oubliés aujourd'hui, comme Pierre Hervé, Pierre Le Moign', Marcel Degliame, n'ont pas pu accéder à la vie politique, et ont été remplacés par des politiciens professionnels. Certains ont eu une petite carrière comme Claude Bourdet, qui a dirigé le journal *Combat*.

La seule exception, c'est un peu François Mitterrand, ce qui est pour moi encore une preuve de son habileté. Il avait fondé, avec quelques personnes, une petite formation, l'UDSR (Union démocratique et socialiste de la Résistance), qui était devenu un parti charnière et deviendra très utile pour l'établissement des majorités parlementaires. Ainsi est-il devenu, à partir de ce moment-là, ministre assez souvent.

C'est alors que nos chemins se sont séparés, pour deux raisons. La première était que j'étais encore à l'époque un communiste de guerre, nourrissant de grands espoirs, qui ont commencé à s'effriter lentement dans les années suivant la Libération, du fait du jdanovisme intellectuel régnant au Parti et de la reprise des procès. Pendant quelques années cependant, de 1944 à mai 1945, j'étais encore dans cette foi d'une société nouvelle, dans l'euphorie de la Libération, foi que je partageais d'ailleurs avec Marguerite Duras et Robert Antelme, qui étaient devenus, à cause de moi, communistes. Il s'est passé un événement assez symptomatique : à l'époque, on commençait à produire des voitures, notamment des 4 CV. Mais il fallait avoir un bon pour obtenir une voiture ou attendre un à deux ans. Marguerite, qui était impatiente d'en avoir une, avait obtenu de Mitterrand un bon pour s'acheter une Peugeot. Elle m'avait alors dit : « Allons demander à François un bon pour toi pour que tu puisses avoir toi aussi une voiture. » Nous avons fait, je m'en souviens, une réunion avec Marguerite, ma femme Violette, Dionys et Robert. Nous les hommes disions que nous ne pouvions pas nous compromettre, car Mitterrand était devenu un responsable d'un parti bourgeois, et que nous ne voulions donc pas avoir une dette morale envers lui, tandis que les femmes nous disaient que nous étions complètement crétins, que nous avions l'occasion d'avoir une voiture, qu'il fallait s'en saisir. J'ai cédé finalement en faveur de la voiture, Marguerite a négocié et j'ai pu obtenir le bon. Mais est survenu alors un deuxième problème moral, car je ne pouvais pas accepter ce bon sans remercier François Mitterrand, mais en le remerciant, je devais me compromettre politiquement. J'ai quand même écrit une lettre de remerciement à François Mitterrand. Il était devenu un politicien, pas dans le sens grossier du terme, mais dans un sens dépoétisé.

L. A. – « Un politicien », pas un « homme politique » ?

E. M. – Si, c'était un homme politique, bien sûr, mais il passait d'un ministère à l'autre, selon les gouvernements.

L. A. – Vous apparteniez pourtant à la même génération, vous communiez dans les mêmes idéaux. Mais, lui, non seulement n'a jamais cru au communisme, mais aussi, à la différence de vous, il a très vite évolué vers un antigaullisme.

E. M. – Concernant le communisme, nous n'étions qu'une minorité de résistants à unir l'idée de la lutte pour la libération de la patrie à celle d'une libération plus générale du destin de l'humanité, de son salut. C'était une vraie religion de Salut terrestre. Nous croyions être des rationnels et des scientifiques, alors que nous étions des mystiques. Beaucoup n'ont pas eu cette illusion. Mais dans la Résistance, et c'est pour moi ce qu'elle avait de beau, il y avait un phénomène de catalyse à partir de deux pôles opposés : d'un côté, les nationalistes de droite, des gens qui ne pouvaient pas supporter l'idée d'une défaite, d'une collaboration et d'une humiliation française ; de l'autre, c'étaient des communistes d'origine étrangère, comme dans la Main-d'œuvre immigrée (MOI), qui ne pouvaient pas admettre le Pacte germano-soviétique et ont transgressé les directives du Parti. Ce qui est admirable, c'est que des gens venus de cette droite, comme François Mitterrand ou Daniel Cordier, au contact avec la Résistance, se sont convertis aux idées républicaines de la gauche.

L. A. – Vous dites que Mitterrand était de droite ?

E. M. – Oui, il était au début de sa vie dans une enveloppe de droite, mais dont la chair voulait être de gauche, si l'on peut le dire ainsi. Inversement, beaucoup de ceux qui étaient internationalistes sont devenus dans la Résistance patriotes. Pour en revenir à Mitterrand après la Libération, il m'apparaît donc comme un homme politique habile, mais je n'ai pratiquement pas de contact avec lui pendant plusieurs années. En revanche, Marguerite, Robert, eux, continuaient de le suivre, entretenaient un lien personnel très fort avec lui.

Moi je l'avais admiré, estimé, mais je n'avais plus ce lien féal une fois le mouvement dissolu. Il y a eu ensuite une cassure décisive, lorsque Mitterrand s'est présenté comme candidat aux élections de 1965. Je rédigeai alors une tribune dans *Le Monde* pour dire que je ne voterais ni de Gaulle, ni Mitterrand, et que je m'abstiendrais. Mon idée à l'époque, et qui est toujours la même aujourd'hui, était qu'il m'était impossible de donner un chèque en blanc à une gauche officielle qui ne s'était pas régénérée, qui n'avait pas trouvé encore une nouvelle base de pensée. Mitterrand était tout de même candidat de la gauche, avec le soutien des socialistes, de Pierre Mendès France, mais c'étaient les mêmes idées qui perduraient. D'un autre côté, bien que j'aie de l'admiration pour de Gaulle, celui-ci n'était pas seulement le Libérateur, c'était aussi le chef d'un parti de droite.

Mitterrand n'était pas du tout content et me l'a fait savoir. Il y a eu un grand froid entre nous. Les années ont passé, l'union de la gauche s'est produite sans que j'y croie, mais j'avais dans un sens tort sur ce point. J'avais peur que cette union de la gauche ne se transforme, comme à chaque fois dans l'histoire passée, en une alliance où le Parti communiste plumerait la volaille socialiste, pour employer les termes de l'époque. C'est ce qui s'est passé du reste dans les démocraties populaires. Je n'avais pas imaginé que le contraire puisse se produire, dans une conjoncture historique nouvelle certes, mais surtout grâce à l'astuce de François Mitterrand, qui a donné le baiser de la mort en quelque sorte au Parti communiste. Je ne me souviens plus si j'ai voté pour lui en 1981, mais j'étais à la fête du *Nouvel Observateur* pour célébrer cette victoire, tout de même, historique. J'étais assez content, même si j'étais incertain. Je me souviens que Gilles Martinet m'a dit alors : « Maintenant, il va falloir attacher les ceintures. » Il se trompait en réalité lui aussi.

L. A. – Mitterrand devient donc président d'une Cinquième République qu'il avait réprouvée, ce qu'il avait fait savoir dans son livre *Le Coup d'État permanent*. Pourtant, il va endosser à merveille les habits de la Cinquième République qu'il avait tant dénoncée. Pourquoi ?

E. M. – C'est ça, le côté politicien de François Mitterrand. Il était en fait très content d'avoir tous les pouvoirs que de Gaulle avait mis en place avec la nouvelle Constitution. Il n'allait pas les abandonner. J'ai eu personnellement deux contacts avec François Mitterrand après cette élection. En 1982, d'abord, j'ai eu la Légion d'honneur au CNRS et mon père, qui adorait les décorations, m'a dit qu'il serait très content si c'était le président de la République qui me la donnait. J'ai écrit à François Mitterrand, en me demandant bien ce qu'il allait me répondre, après tout ce temps. Il a non seulement accepté, mais, au cours de la cérémonie, il a fait un discours très aimable, compréhensif.

Le deuxième épisode où je l'ai revu est survenu après une lettre que je lui ai envoyée car j'avais un ami qui était emprisonné pour un crime passionnel. C'était un professeur d'université, qui dans une crise délirante avait étranglé sa femme. Il était allé en prison, et était devenu une sorte de saint, enseignant aux analphabètes, poussant d'autres à aller faire des études, passer le bac. Il avait créé une sorte de centre culturel. Au bout d'une dizaine d'années, il pensait tout comme moi avoir payé sa dette, tout comme moi, et j'ai donc écrit à François Mitterrand. Il y avait eu déjà la suppression de la peine de mort par Robert Badinter, mais en réaction, il y avait une campagne qui dénonçait les prisonniers vivant dans le luxe. François Mitterrand m'a répondu en disant qu'il procédait à une réduction de peine, ce qui a permis à mon ami de sortir deux ans plus tard de prison.

Le dernier contact que j'ai eu avec lui, c'était au moment de l'affaire Pierre Péan. J'avais rencontré souvent ce dernier quand il préparait son livre sur François Mitterrand, dans le but de lui donner des informations sur cette période de la Résistance que nous avions vécue. Mais le livre de Pierre Péan a eu un retentissement à la fois étonnant et compréhensible car, quand François Mitterrand est devenu candidat de la gauche, il a procédé à un effacement complet de son passé juvénile de Vichy. Tous ceux qui appartenaient à la génération de la Libération le savaient, mais les jeunes générations du Parti socialiste ont été stupéfaites de le découvrir.

Pour beaucoup de ceux des générations ultérieures, cette période de la Seconde Guerre mondiale était faite d'un bloc ; on considérait que Pétain, Vichy avaient été dans la collaboration intégrale ; ils ne savaient pas qu'il y avait eu beaucoup d'esprits troublés, que des vichystes étaient devenus résistants, qu'une grande partie des Français étaient des pétaino-gaullistes, avec une complexité assez particulière, considérant que Pétain était le bouclier qui nous protégeait des exigences des Allemands, et que de Gaulle était le glaive qui les en libérerait. Il y a eu ainsi une sorte de réprobation générale contre François Mitterrand. Je me souviens que j'ai été amené à le défendre, notamment lors d'une émission à la télévision chez Christine Ockrent, où se trouvaient Serge Moscovici et d'autres intellectuels qui me demandaient comment on pouvait être l'ami de René Bousquet – mais justement, concernant Bousquet, je ne savais pas du tout à l'époque son rôle sur la Rafle et les déportations des Juifs, en tant que secrétaire général de police. Je répondais donc que mes amitiés étaient transpolitiques, tout comme François Mitterrand. Je réitérais le fait que François Mitterrand avait été un résistant héroïque, plus que courageux. Je n'aime pas qu'on cogne sur un homme à terre. J'avais l'impression que c'était le cas, et c'est pourquoi j'ai pris la parole pour le défendre, non seulement parce que j'avais ce sentiment qu'on voulait le détruire, mais aussi parce qu'il est, pour moi, un personnage d'une complexité folle, où l'on trouve le meilleur et le pire. Je l'ai défendu et il m'en a été reconnaissant.

L. A. – Revenons sur la guerre d'Algérie. Comment avez-vous vécu, vous qui avez fait avec lui la Résistance, le fait qu'il soit rentré dans différents gouvernements de la Quatrième République et qu'il ait occupé notamment le poste de ministre de l'Intérieur ? Comment jugez-vous aujourd'hui son attitude dans cette guerre, une attitude qui apparaît très complexe et contradictoire ?

E. M. – Il n'a pas du tout compris la réalité du problème. Il a épousé la thèse officielle selon laquelle « l'Algérie, c'est la France », qu'il a lui-même répétée au moment où c'était évident que cela ne pouvait être le cas. En tant que ministre, il a entériné un certain nombre d'exécutions capitales. À l'époque, nous étions donc aux antipodes. En effet, avec Robert Antelme et Dionys Mascolo, j'avais participé à la création d'un Comité contre la guerre en Afrique du Nord – car je le rappelle les questions du Maroc et de la Tunisie n'étaient pas encore réglées. Nous avions pris immédiatement sur la guerre d'Algérie une position évidente. Je ne pensais même pas à lui, car il faisait pour moi partie de ce clan de politiques « officiels » qui, au lieu de rechercher une issue, préféraient s'enfoncer dans la guerre. Cela a été le cas de Guy Mollet. Nous étions donc en opposition totale.

L. A. – François Mitterrand a-t-il compris quelque chose au phénomène des indépendances ? A-t-il compris profondément la décolonisation ? Il parlait à l'époque de la nécessité d'une « réforme ».

E. M. – C'était en effet l'idée au départ de la classe politique, mais qui a été rapidement dépassée par les événements : il s'agissait de trouver rapidement un cadre fédéral ou confédéral où les anciennes colonies accéderaient à l'indépendance, tout en étant liées. Mais les empires ont tous éclaté, qu'il s'agisse de l'Union soviétique, de l'Empire britannique, car les poussées des nations hétérogènes étaient trop importantes. La guerre d'Algérie a favorisé le mouvement centrifuge des pays d'Afrique noire. Ce que l'on peut regretter rétrospectivement, c'est qu'il ne se soit pas créé une fédération ou une confédération des pays d'Afrique anciennement française. Ils ont de ce fait subi des frontières de l'ancienne colonisation, des frontières qui créaient des agrégats ethniques et religieux différents. Au contraire, on aurait pu envisager une grande unité, pesant dans la politique internationale. Mais ces pays se sont divisés, et ils ont subi plus facilement le postcolonialisme des puissances occidentales, notamment de la France. En ce qui concerne l'Algérie, il méconnaît complètement le problème. L'insurrection a commencé en 1954 avec la Toussaint rouge et il va continuer de croire et d'affirmer en 1956 que ce sont des réformes de fond, économiques qui vont résoudre le problème, qui est en réalité beaucoup plus profond. Quand il fut ministre, il n'a pas été de ceux qui ont favorisé l'ouverture. François Mitterrand, ministre de la Quatrième République, n'est pas un grand ministre.

L. A. – Revenons sur la couleur politique de François Mitterrand. Il était issu de la droite et la Résistance va le faire évoluer. Il devient un politicien avec l'UDSR, acceptant les postes ministériels que lui offrira la Quatrième République. Il va ensuite faire campagne, se porter candidat à la présidentielle à deux reprises. Pensez-vous qu'il a tué une certaine idée de la gauche en arrivant au pouvoir ? Au moment de son élection en 1981, il introduit dans son gouvernement des ministres communistes, mais vous l'avez dit vous-même, c'est le baiser de la mort. Va-t-il inventer une nouvelle gauche, ou va-t-il tuer celle qui existait ?

E. M. – Je pense surtout qu'il n'a pas pu être l'animateur d'une gauche régénérée et nouvelle. Il a joué un rôle positif auprès du Parti socialiste, qui était complètement sclérosé à l'époque avec plusieurs mouvements, le Parti socialiste unifié (PSU), le Parti communiste, les radicaux, les chevènementistes, à la fois nationalistes et marxistes, les modérés, etc. La gauche s'est livrée à une sorte d'éthylisme révolutionnaire, avec un langage anticapitaliste. Mais la gauche n'a pas pu tenir ces promesses de langage. Mitterrand, quand il s'est trouvé devant le choix économique de l'Europe, est resté très traditionnel dans ses positions. Il a choisi la voie normale, car l'autre était de fait très aventureuse. Il a tenu à rassurer les États-Unis en leur fournissant des renseignements sur l'Union soviétique, qu'ils avaient peut-être déjà, mais qui prouvaient la bonne volonté française.

Mitterrand essayait toujours de mettre un habillage de gauche sur ses propos. On avait par exemple l'impression qu'il se forçait un peu quand il disait « l'argent, le sale argent ». Un de mes amis, Rosco m'a dit que quand il avait fait son premier voyage à Moscou, François Mitterrand avait emporté le *Manifeste du Parti communiste* de Karl Marx pour voir ce qu'il y avait dedans ! Mais, je pense qu'il a rendu quand même un grand service à la gauche, en devenant un opérateur de l'alternance. La France était figée depuis de Gaulle qui avait été un cas historique particulier. On avait eu successivement Pompidou, Giscard. La France était donc liée à la droite. Le Parti communiste était un noyau dur qui se racornissait, le Parti socialiste était sclérosé et en décadence. François Mitterrand a redonné vie à tout cela. À l'époque, je pensais qu'il redonnait vie de façon un peu mystificatrice, mais je dois reconnaître qu'il a pu créer l'alternance, renouveler le personnel politique dans l'appareil de l'État. Le bilan est très complexe. Il faut en percevoir les lumières et les ombres. Parmi les choses positives, il y a des avancées humanistes comme la suppression de la peine de mort. Mais la personne reste finalement énigmatique. C'est un homme qui avait un côté « parrain », pour le meilleur et pour le pire. Il était très fidèle à ses fidèles, mais il pouvait être terrible pour ceux qui lui faisaient barrage. Il avait plusieurs vérités, mais nous ne pouvions pas savoir laquelle était véritablement la plus profonde en lui. Je dois dire que je n'ai pas encore fait le tour du personnage de François Mitterrand.

L. A. – Peut-on le faire ? Quand on regarde sa politique étrangère, il n'a pas pressenti la chute du mur de Berlin, et il a été en même temps le constructeur de l'Europe avec son homologue allemand Helmut Kohl. Finalement, quel bilan tirez-vous de ses deux mandats de président ?

E. M. – Un bilan contrasté et complexe, car il y a eu des aveuglements dans son regard. Il n'a pas compris ce que signifiait la révolte en Allemagne de l'Est, et il restait finalement sur la position assez classique de François Mauriac qui disait : « J'aime tellement l'Allemagne que je préfère qu'il y en ait deux. » Je crois qu'il était resté dans ces conceptions géopolitiques figées, sans comprendre cette poussée libératrice qui allait amener à l'implosion de l'Union soviétique. Quand il y a eu le putsch anti-Gorbatchev, il avait donné son aval aux putschistes. Il a commis donc beaucoup d'erreurs de perspicacité. Mais je pense que tout ce qu'il n'a pas fait, tout ce qui n'était pas vraiment de gauche, ou dans une perspective internationale intelligente, a été compensé par ce qu'il a fait pour l'Europe. C'est selon moi la seule cause à laquelle il ait vraiment cru finalement. La génération de Mitterrand, qui est aussi celle de Jean Monnet, est celle des pères fondateurs de l'Europe, ces socialistes et démocrates-chrétiens, souvent issus de la Résistance, à la vision non enfermée sur l'Hexagone, et qui ont considéré que l'Europe n'avait fait que s'entre-tuer par ses guerres fratricides, et qu'il fallait en finir. Est apparu rapidement aussi un gigantesque Empire soviétique, et pour ces pères fondateurs, il fallait essayer de s'organiser. Mitterrand a été très lucide à cet égard quand il a dit que les pacifistes étaient à l'Ouest et les missiles à l'Est. Il avait très bien saisi la menace nucléaire et, de fait, par la suite, on s'apercevra que l'Union soviétique avait prévu des plans d'invasion de l'Europe. Le bilan est donc très contrasté. Il y a eu cependant ce beau roman d'amour entre François Mitterrand et Helmut Kohl, ces deux personnages tellement dissemblables – quand on regarde leur photo, c'est presque Laurel et Hardy, en plus sérieux, évidemment ! –, qui s'aimaient cependant tendrement, se prenaient la main. On se souvient des larmes de Kohl, à l'enterrement de Mitterrand. François Mitterrand a donc travaillé pour cette Europe, qui demeure malheureusement très inachevée, puisque tout reste encore à faire. Néanmoins, l'Europe fut son acte de foi, le sujet sur lequel il conserva une constance politique et la partie positive de son bilan.

L. A. – Comment avez-vous appris la mort de François Mitterrand ?

E. M. – Je ne me souviens plus exactement où et quand, mais je me souviens que cela m'a beaucoup frappé, qu'une avalanche de souvenirs m'a alors envahi. La mort de cet homme a immédiatement ressuscité en moi le jeune capitaine de 28 ans, ce François Mitterrand plein d'élan et de courage. J'ai revu toute cette trajectoire contrastée. Cela m'a tellement frappé que j'ai fait trois articles sur lui, pour essayer de comprendre où j'en étais et qui était Mitterrand. C'est une personne qui reste très présente dans mon esprit.

L. A. – Dans un de vos textes, absolument admirable, vous évoquez les mystères de François Mitterrand, y compris au moment de son double enterrement. Le double corps, le double enterrement, la double vie et même les vies de François Mitterrand, au-delà même de sa propre vie, au moment du seuil. Pourquoi cette espèce de dédoublement de François Mitterrand, qu'il a voulu et qu'il a lui-même mis en scène ?

E. M. – Je crois qu'il y avait un Mitterrand officiel, chef d'État, qui incarnait la France, y compris dans son évolution. C'était celui-ci qui était célébré à Notre-Dame par les chefs d'État étrangers. Il y avait aussi le Mitterrand privé, secret, enfant de Jarnac, qui aimait la littérature. C'est très important du point de vue littéraire car Mitterrand incarne cette génération qui aimait Chardonne, Rebatet. Il n'a jamais été touché cependant par le surréalisme. Il possédait une multiplicité d'identités. Parmi celles-ci, il y a vraiment une double polarité, en tant que personnage privé, très personnel, secret, et personnage officiel. Mais à la fin de sa vie, il y a eu plusieurs interférences puisque Mazarine apparaissait brusquement dans le monde médiatique. Il y avait une sorte de rencontre entre ce qui relevait du privé et du public, un choc entre les deux. Il a eu une fin de règne triste et sombre. Il faut rappeler que quand il fut élu, en 1981, ce fut une fête, une joie populaire, mais finalement, tout cela a sombré et s'est dissous dans les dernières années. Par ailleurs, quand il a été élu en 1988, il savait qu'il avait un cancer. Il réussit non seulement à le camoufler, alors qu'il avait fait des déclarations sur la nécessité d'être transparent, car il y avait eu le précédent de Pompidou, mais je pense même que son vouloir-vivre et son vouloir-régner étaient tels que cela a retardé les ravages de ce cancer de la prostate et que la médecine non orthodoxe à laquelle il a recouru a pu l'aider. C'est donc un homme qui, dès qu'il accède au trône dont il rêvait, sait qu'il est frappé à mort. Il va vivre pendant deux septennats, va réussir à camoufler dans les dernières années du septennat tout ce qu'il était obligé de faire comme soins médicaux et traitements contre la fatigue. Il y a là encore un héroïsme, mais un héroïsme pour la gloire. On a vraiment le sentiment d'un personnage marqué par un destin, comme quand il aurait dû se faire arrêter rue Dupin, mais qu'il a finalement été sauvé par Minette Antelme. Il a toujours survécu, toujours triomphé ! Combien de fois l'a-t-on donné pour mort politiquement, notamment après l'affaire de l'Observatoire, où il a commis pire qu'une imprudence ! Il était capable à la fois des pires compromissions et des plus grands élans de grandeur et de générosité. C'était un peu un personnage à la Shakespeare, à la différence que chez le dramaturge, les personnages se tuent avec du sang, et qu'ici, les meurtres, nombreux, étaient psychiques, moraux et politiques.

6

L'autocritique comme méthode de pensée

L. A. – *Autocritique* a été publié en 1959, Edgar Morin. Vous étiez alors un jeune intellectuel. Ce texte parle d'engagement humanisme, de valeurs, de citoyenneté. Dans quelles circonstances avez-vous publié ce texte et pouvez-vous nous dire quel retentissement il a eu ?

E. M. – J'ai opéré mon divorce intérieur avec le Parti communiste et le communisme soviétique au moment du procès Rajk en Hongrie, un procès de sorcières qui m'a profondément écœuré. Je n'ai pas repris alors ma carte du Parti, mais je n'osais pas non plus dire que j'étais en dehors du Parti. Cependant, en 1951, comme j'avais fait un article dans l'ancien *Observateur*, sur un colloque qui s'intitulait *Vies et campagnes* du CNRS, j'ai été exclu car, soi-disant, l'*Observateur* était un journal de l'*Intelligence Service*. Donc, je me sentais comme dans un cadavre politique, un cadavre qui a cependant ressuscité avec le rapport Khrouchtchev qui a donné des espérances, avec l'Octobre polonais, cette révolte populaire contre la dictature du Parti, avec cet événement énorme que fut la Révolution hongroise.

C'est ainsi que je suis redevenu antistalinien. Après cela, en 1958, je me suis décidé à m'interroger moi-même, me demandant comment cela se faisait-il que moi, qui ai eu, adolescent, dans l'avant-guerre, une culture de gauche très antistalinienne – j'avais lu Trotsky, Souvarine, des journaux sur la guerre d'Espagne ou sur les procès de Moscou –, moi donc, très lucide sur ce régime, j'ai pu, au cours de la guerre, me convertir, me transformer et refouler mon savoir. Refouler, car, comme je l'explique dans ce livre, tous les défauts que je voyais dans l'Union soviétique étaient désormais dûs pour moi, non pas à des causes internes, mais, premièrement, à l'arriération du système tsariste dont héritait la Révolution communiste et, deuxièmement, à l'encerclement capitaliste qui créait un état de siège et une sorte de fièvre obsidionale.

Je voyais l'URSS entourée d'ennemis et je me disais qu'après la victoire s'épanouirait une merveilleuse civilisation fraternelle et socialiste. En fait, j'ai repris un argument que Simone Weil avait formulé peu avant la guerre. Elle disait que s'il y avait une guerre, ce serait épouvantable, et que même s'il n'y avait pas de guerre, nous resterions sous l'hégémonie de l'Allemagne. Elle considérait que cette hégémonie serait très dure et très cruelle, mais que, comme le nazisme, disait-elle, était un accident historique dû à une conjonction particulière, l'Allemagne serait un pays trop cultivé pour rester longtemps nazi, que le Parti allait se dissoudre, et qu'on aurait ainsi enfin une nouvelle Europe. Elle a abandonné rapidement cet argument de même que moi, bien que j'aie pensé comme elle au début. Cette espérance, cependant, je l'ai reportée sur l'Union soviétique. Je me disais que, certes, il s'y passait des actes cruels, des horreurs, mais que l'avenir était à nous. Alors, j'ai voulu écrire ce livre pour réfléchir sur les raisons profondes qui m'avaient conduit à me convertir, et sur les processus difficiles de ma déconversion. Car, d'habitude, les anciens communistes écrivent sur les gens qui les ont trompés. Mais moi, je n'ai pas voulu accuser les gens qui m'ont trompé, j'ai voulu dire pourquoi, moi, je me suis trompé. Personne ne m'a dupé. Ce livre est donc un examen personnel de mon évolution intellectuelle, de ce qui m'a conduit de l'antistalinisme au communisme stalinien, et puis après de ce qui m'a conduit à me déconvertir, car, ce qu'il y a d'étonnant avec les événements historiques, les « tsunamis » de l'histoire, c'est qu'ils ne modifient pas seulement les destins individuels, mais aussi la pensée des individus.

Combien de personnes, qui n'étaient que des pacifistes de gauche, ont accepté l'armistice en se disant qu'il n'y avait rien à faire, puis ont accepté la *Pax germanica*, et une fois que nous sommes entrés dans la guerre mondiale, ont collaboré à la guerre nazie ? J'ai vu des personnes se transformer, dans ce sens et parfois, au contraire, dans l'autre. Par exemple, Joseph Darnand, l'infâme chef de la Milice française, a voulu partir à Londres en juin 1940.

J'ai vu tellement de destins dériver que je me suis dit qu'à ma façon, j'avais moi aussi dérivé, mais également que je ne voulais plus jamais que cela se produise. J'ai vu tellement de braves gens adhérer au communisme par amour de l'humanité et se transformer en fanatiques rigides inhumains. Ce fut par exemple le cas de mon ami philosophe Jean-Toussaint Desanti, que j'aimais beaucoup, et qui m'a dit, à un moment donné, en tirant sur sa pipe, que si quelques centaines de millions de gens devaient mourir pour que triomphe le socialisme, il faudrait en passer par là.

Tous ces parcours m'ont conduit à poser le problème général et collectif suivant : comment éviter de dériver soi-même à partir d'une aspiration juste ? Comment comprendre que, sans en avoir conscience, pris dans un engrenage, nous arrivons à travailler pour le contraire de ce qui nous avait décidés à militer ? Avec ce livre, c'est donc une mission d'autovigilance intellectuelle que j'ai voulu ainsi donner et généraliser.

Du reste, ce livre, sur le moment, a eu un certain retentissement car les gens se posaient beaucoup de questions sur la démocratie, sur le communisme, sur la France. Il y avait eu aussi le coup d'État d'Alger, la prise du pouvoir par le général de Gaulle. Je me souviens très bien qu'à cette époque, à *L'Express*, travaillait mon amie très chère Florence Malraux, hélas disparue, et elle s'était arrangée pour faire paraître plusieurs pages sur mon livre. Tous ces facteurs font qu'il y a eu effectivement un certain retentissement autour de cet écrit. Par la suite, cependant, il a été un peu oublié. Ce furent plus tard surtout des maoïstes qui s'étaient démaoïsés qui apprécièrent mon livre.

C'est le cas d'ailleurs de Sabah, ma compagne et mon épouse actuelle, qui était à l'époque étudiante à Grenoble et militait dans un mouvement marxiste-léniniste marocain, étant elle-même d'origine marocaine. Elle était frappée par le sectarisme et par l'attitude des hommes à l'égard des femmes. Elle commençait à douter et c'est mon livre autocritique qui l'a délivrée. Je crois donc avoir joué un rôle pour quelques personnes en les aidant à réaliser la propre élucidation. J'ai rencontré un seul cas contraire, avec un jeune homme qui est venu me dire, après avoir lu *Autocritique*, qu'il avait adhéré au Parti communiste. Je lui ai demandé comment cela était possible et il m'a répondu que c'était parce que j'avais raconté une vie tellement intéressante que ça lui avait donné envie de connaître lui aussi les mêmes aventures.

L. A. – Alors, aujourd'hui, comment ne pas dériver ?

E. M. – Je crois que cette question se pose à toute époque, mais particulièrement aujourd'hui, car on constate une résignation face à ce qui se passe à l'égard des migrants et des réfugiés, face au fait que, de plus en plus, des puissances financières colonisent non pas seulement la société, mais le gouvernement. Je crois qu'on ne peut pas faire de relation d'identification entre ce que doit être aujourd'hui une résistance et ce qu'elle fut, à l'époque où j'étais clandestin, car à cette époque, nous prenions des risques engageant notre vie et notre mort.

Aujourd'hui, nous n'en sommes pas là, et je l'espère, *pas encore là* ! Mais il y a une double résistance à mener : d'abord, face au retour de barbarie, qui nous semblait vraiment se dissiper, surtout après 1989, avec la dissolution de l'Empire soviétique et la démaoïsation. On assiste pourtant au retour des vieilles barbaries de l'histoire humaine, que sont la cruauté, l'implacabilité, le mépris, la haine, la torture, l'agressivité. On assiste aussi au retour des boucs émissaires, de la haine de l'autre, du Juif, de l'Arabe.

Cette barbarie revient dans l'histoire avec des régimes autoritaires qui naissent un peu partout, dernièrement au Brésil. On voit des forces de régression terribles à l'action. Il y a également une deuxième barbarie, qui vient de l'intérieur de notre civilisation, laquelle, sous ses acquis qu'on croyait irréversibles, développe une manière d'appréhender l'humanité et le monde par le prisme du calcul, avec le PIB, la croissance, les statistiques et les sondages. Or, tout ce qui est humain échappe à cette vision. Cette conception du calcul est liée elle-même au développement énorme du profit, à la dégradation des anciennes solidarités qui existaient aussi bien dans les grandes familles, dans les villages, dans le travail, dans les ateliers, dans les usines. D'ailleurs, savez-vous pourquoi j'ai quitté Paris ?

L. A. – Non ! Pourtant vous étiez un Parisien passionné, un arpenteur des rues, un homme qui adorait les cafés. Vous êtes un homme qui aime beaucoup la sociabilité – mais qui n'est pas un mondain pour autant. Pourquoi avez-vous alors décidé de quitter Paris ?

E. M. – Je suis né à Paris. Le Paris de mon enfance se situait à Ménilmontant. C'était un endroit convivial, familier, vivant, humain. J'ai été affecté à Paris dans les dernières années de la Résistance. Puis, après la guerre, j'ai vécu merveilleusement dans une fraternité à Saint-Germain-des-Prés, avec mes amis Marguerite Duras, Dionys Mascolo et Robert Antelme. C'est ce Paris, qu'on appelait à l'époquc « Panamc » – on n'emploie plus ce mot désormais –, que j'aimais. Je ne sais pas si vous avez remarqué, mais il y a eu énormément de chansons sur Paris de la fin du XIXe siècle jusqu'à la chanson « À Paris » de Francis Lemarque. Et puis, brusquement en 1980, on n'a plus chanté Paris, car ce n'était plus une ville dont on pouvait dire « C'est "ma" ville ». Paris désormais est beau pour les touristes, pour les voyageurs mais c'est une agglomération où règnent l'anonymat, la nervosité, les embouteillages. Il ne reste que des petits morceaux de quartiers humains et conviviaux. C'est épouvantable.

Tout cela m'a amené à choisir Montpellier et sa vieille ville, piétonne, tranquille, conviviale. J'y suis bien. Si je vous parle de mon expérience, ce n'est pas parce que je fais partie de ces gens qui parlent du « bon vieux temps », mais parce que cela révèle une lente dégradation. Je sais que tout est ambigu, qu'il y a des choses qu'on a perdues avec le progrès, et d'autres qu'on a gagnées. Nous avons par exemple beaucoup gagné en intimité avec le smartphone mais, en même temps, nous en avons perdu car nous pouvons être davantage contrôlés. On perd, et on gagne. Je ne suis pas non plus de ceux qui disent qu'avant nous étions dans « la meilleure période de l'histoire », je trouve même cela dément, car, d'abord, une époque pour qui ? pour les gens des bidonvilles d'Asie, d'Afrique, d'Amérique latine ?

Aujourd'hui, on voit se multiplier des angoisses liées à la dégradation de la biosphère, à la multiplication des armes nucléaires, à la montée des fanatismes, et ce, partout dans le monde. La guerre en Syrie par exemple n'est pas seulement une guerre civile mais une guerre internationale et mondiale : tous les grands pays y sont impliqués. Nous sommes donc dans une époque inquiétante, d'angoisse, de problèmes généralisés. Dans certains magazines, il est parfois suggéré que nous serions dans la plus belle époque de l'humanité parce que la durée de la vie a augmenté. C'est vrai, c'est très bien, j'en suis l'incarnation. Mais il y a aussi des personnes qui vieillissent, deviennent impotentes et sont envoyées dans des asiles où elles sont mal traitées. Ce ne sont pas les chiffres qui nous indiquent si nous sommes heureux. Si par exemple je considère la période de malheur collectif que constitua l'Occupation, j'étais pour ma part assez heureux car j'étais bien dans ma peau : je faisais ce que je considérais être juste et bon. Ni la nostalgie du « bon vieux temps », ni l'exaltation de ce que nous avons gagné, ne nous permettront de prendre conscience du caractère périlleux de l'époque dans laquelle nous vivons. C'est pourtant cela qui importe.

L. A. – Dans *Autocritique*, il est beaucoup question de vigilance, d'élucidation du réel, de transparence vis-à-vis de soi. Comme le titre l'indique, c'est une confession où le principal accusé, c'est vous. Vous avez été le premier dans les années 1960 à faire preuve de cette autocritique. Aujourd'hui, quelle serait votre définition de l'intellectuel ?

E. M. – L'intellectuel se définit non pas par sa profession, – il peut être aussi bien professeur, avocat, ou écrivain – mais par le fait qu'en parallèle de sa carrière, vouée aux choses de l'esprit et de l'intellect, il s'engage sur la place publique et prend position sur des problèmes de fond qui concernent l'histoire concrète de sa nation ou de l'humanité. C'est le cas par exemple de Rousseau qui avait rédigé une constitution pour la Corse.

Mais l'intellectuel moderne naît à mon avis réellement avec Émile Zola. C'est un écrivain qui, brusquement révolté par une machine infernale condamnant un innocent, le capitaine Dreyfus, et ce, dans le consensus général, avec l'approbation des hautes autorités et de la justice, va déclencher un mouvement intellectuel et politique avec pour principe que la vérité doit l'emporter. Il s'oppose en cela aux intellectuels de droite qui considéraient au contraire que c'était la raison d'État qui devait être première. Le deuxième très grand intellectuel moderne qu'on a oublié, c'est Romain Rolland. Quand éclate la guerre de 1914-1918, les socialistes français, et tous ceux qui étaient alors pacifistes, se sont rués dans l'Union sacrée. Il y a eu un déchaînement de haine et de mépris à l'égard des

Allemands en France et réciproquement en Allemagne. Romain Rolland, qui était en Suisse, écrivit une série d'articles intitulée *Au-dessus de la mêlée*, dans laquelle il condamnait cette guerre fratricide. Seul, insulté, bafoué, il illustre comment, souvent, l'intellectuel doit savoir prendre des risques et se détacher de sa caste, devenue moutonnière. L'intellectuel pose donc des problèmes de fond qui concernent l'histoire ou plus généralement le destin humain. Par exemple, quand Albert Camus écrivit *L'Homme révolté*, il fit œuvre d'intellectuel et pas seulement de philosophe, car au lieu d'écrire un ouvrage de philosophe « professionnel », il écrivit un livre destiné à tous et à personne.

Les intellectuels en France ont été nombreux dans la période d'avant-guerre, avec tous les intellectuels antifascistes et antistaliniens, les intellectuels de droite, les collaborateurs. Il faut aussi rappeler qu'il y a eu des dérives chez les intellectuels, qui n'ont pas respecté leur devoir. Le devoir de l'intellectuel, en effet, c'est de vérifier les sources de ses assertions. Je critique à ce titre Jean-Paul Sartre parce qu'il a chanté les louanges de l'Union soviétique pendant des dizaines d'années, puis celles du maoïsme. Il avait rejeté hors de sa connaissance toutes les informations véridiques sur ces deux régimes. Il arrive à l'intellectuel de vendre des illusions, de se tromper lui-même. Son devoir est donc de s'auto-examiner et d'être vigilant sur ce qu'il dit.

L. A. – La vigilance, c'est peut-être une définition, votre définition de l'intellectuel. Je me souviens de votre livre *La Rumeur d'Orléans* qui fut un véritable coup de tonnerre dans le monde intellectuel pour plusieurs raisons. D'une part, vous avez introduit une méthode de compréhension de ce qui, par définition, était insaisissable : la rumeur. Comment avez-vous décidé de vous arrêter à Orléans ? Comment avez-vous procédé pour essayer de capter, de cartographier puis de disséquer ce qui avait constitué cette rumeur et alimenté l'antisémitisme ?

E. M. – Ce sont des journaux de la capitale qui faisaient état d'une rumeur qui circulait à Orléans. Ce type de rumeurs existait aussi à Paris et dans d'autres villes de France, mais l'information n'est remontée que grâce à une jeune fille d'une des familles accusées qui s'est décidée à aller à Paris rencontrer un responsable de la Ligue antiraciste (Licra) pour que l'on qualifie cette rumeur comme provenant de milieux à caractère raciste et antisémite. Cette rumeur disait que dans certains magasins de prêt-à-porter pour jeunes filles, on mettait du chloroforme dans le salon d'essayage pour provoquer l'endormissement des jeunes filles pour ensuite les emmener dans une cave d'où on les transportait vers des bordels au Moyen-Orient. Cette rumeur frappait un certain nombre de magasins pour jeunes filles dont tous les responsables étaient juifs. Ce qui était remarquable, c'était qu'il y avait à Orléans des Juifs qui tenaient des boutiques pour adultes ou autres, plus âgés que les autres commerçants juifs, et qui cependant étaient épargnés par la rumeur.

Je suis allé sur place avec mon groupe et on a pu conclure que cette rumeur ne reposait sur rien. Je me suis ensuite demandé dans quels milieux cette rumeur se répandait. Je me suis rendu compte que cela concernait essentiellement les magasins de jeunes filles, qu'elles soient lycéennes ou secrétaires. Cette rumeur concernait donc essentiellement un milieu féminin. Il y avait même une enseignante qui était juive qui avait dit à ses élèves de ne pas aller dans ces magasins. Mon enquête m'a permis de comprendre que cette rumeur ne provenait pas d'une source politique antisémite ou arabe, mais qu'elle était l'amalgame d'une rumeur déjà en circulation, à propos de la « traite des Blanches », terme qui renvoyait aux jeunes filles qui se faisaient séduire dans des bals et devenaient ensuite prostituées, et d'une plus ancienne rumeur que j'ai retrouvé dans un vieux journal. C'était donc une rumeur d'amalgames et, bien qu'à l'époque il n'existât pas encore de réseaux sociaux, cette rumeur avait réussi à bien circuler. Les mères disaient à leurs enfants de ne pas aller dans ces magasins.

J'ai envoyé les différents membres de mon groupe de travail sur place, dans différents milieux, et nous avons vu que cela touchait beaucoup moins les hommes que les femmes. Nous avons fait un repas sociologique avec les personnes menacées par la rumeur. L'enquête a été très rapide, n'a duré que quatre jours et quatre nuits, car elle ne reposait sur rien de tangible. Nous nous sommes ainsi rendu compte que dans le fond, ce qui était intéressant, c'était la capacité de propagation de cette rumeur. Ce qui est encore plus intéressant, c'est que notre livre n'a pas détruit la rumeur. Ceux qui propageaient cette rumeur n'étaient pas du tout antisémites, et pourtant, cette rumeur montrait l'existence d'un antijudaïsme archaïque, ancré dans la tradition française de ghettoïsation des Juifs.

Je tiens à faire cette différence entre antijudaïsme et antisémitisme. L'antisémitisme est un phénomène moderne, né de l'idée de race et de nation. L'antijudaïsme est d'origine chrétienne. Il s'est dans cette rumeur réveillé de manière inconsciente car les personnes qui propageaient cette rumeur n'avaient même pas conscience qu'elle frappait uniquement des magasins juifs. C'était donc un phénomène d'inconscient collectif. D'ailleurs, une deuxième édition du livre a contenu la rumeur d'Amiens qu'a étudié un de mes collaborateurs, Claude Fichter. Il y a eu aussi plus tard la rumeur concernant les restaurants chinois.

L. A. – Pensez-vous que nous vivons toujours sur le mode des rumeurs ?

E. M. – Ces rumeurs se sont même multipliées car elles ne se propagent désormais plus seulement de bouche à oreille mais de tweets en tweets, avec les différents réseaux sociaux. Je suis frappé par le nombre de rumeurs qui refont surface. Il y a eu par exemple la rumeur en Seine-Saint-Denis d'exportation de Noirs africains dans des villes de province moyennant de l'argent. Il y a aussi eu une rumeur selon laquelle la théorie du genre serait enseignée systématiquement dans les écoles pour montrer qu'il n'y aurait pas de différences entre les filles et les garçons, ce qui a fait descendre des milliers de gens dans les rues.

Je pense que la rumeur d'Orléans pouvait s'expliquer par une sorte d'angoisse sous-jacente des jeunes filles, qui portaient des minijupes, se fardaient, avaient tous les aspects extérieurs de la femme excitante et piquante. Mais au fond d'elles-mêmes, c'étaient des jeunes filles provinciales, qui avaient peur du viol et d'être kidnappées. Il y avait une différence entre l'habillement extérieur, prouvant la liberté sexuelle, et leur ressenti, dominé par le sentiment de ne pas être libres et par la peur, qui faisait que cette rumeur se répandait si fortement. Je pense qu'aujourd'hui, il y a une angoisse énorme, un manque de futur, une incertitude, une précarité, une tendance à se refermer sur un nationalisme clos, un néoracisme. Toute une série de phénomènes profitent à la propagation de ces rumeurs, surtout à l'heure d'Internet. C'est donc un sujet d'actualité.

L. A. – Mais la sociologie n'a-t-elle pas un peu changé de but, n'a-t-elle pas perdu la fonction éminemment sociale qu'elle occupait auparavant ?

E. M. – Je ne pense pas que la sociologie ait changé de but, mais que les études sociologiques sont devenues beaucoup plus parcellaires. Il n'y a plus de tentative de penser le problème social dans son fondement comme le faisaient les précurseurs de cette science, à l'image de Georges Friedmann ou de Georges Gurvitch, comme j'ai tenté de le faire, ou comme le faisaient également Touraine, Pierre Bourdieu, qui s'opposait pourtant à moi, ou Michel Crozier. Il est donc vrai qu'aujourd'hui, il n'y a plus cette démarche qui consiste à penser les problèmes fondamentaux et globaux de la société actuelle. Pour revenir sur les méthodes de lutte contre les rumeurs, concernant l'affaire Dieudonné, je tiens à dire qu'interdire n'est pas supprimer. La loi Gayssot est tout à fait ambivalente à ce titre : parce qu'elle interdit, elle fait peur, inhibe, mais en même temps, cela favorise le bouche-à-oreille souterrain. Cela explique aussi pourquoi, pendant très longtemps en France, il a été difficile de mesurer le degré d'antisémitisme et d'antijudaïsme en France. Ce n'est que maintenant, avec des affaires comme celle de Dieudonné, que nous pouvons avoir des informations sur ces phénomènes. Je pense que l'antisémitisme d'avant-guerre avait beaucoup décru après la Seconde Guerre mondiale. Mais il a toujours existé et s'est réalimenté avec le nombre de noms juifs dans la médecine, dans les médias et d'autres professions visibles. Je suis de ceux qui pensent que l'antisionisme, c'est-à-dire la critique de la politique d'Israël vis-à-vis des Palestiniens, n'est pas du tout antisémite.

L. A. – On vous a pourtant reproché de l'être, justement, antisémite !

E. M. – Ce sont effectivement des pures absurdités que les accusations du Conseil représentatif des institutions juives de France (Crif) d'antisémitisme à mon encontre ou à celle de Stéphane Hessel. Je suis cependant vigilant car je sais qu'on peut facilement glisser de l'antisionisme à l'antisémitisme. Aujourd'hui, Dieudonné est une sorte de catalyse d'éléments qui, jusqu'alors, étaient virtuels et ont pris avec lui consistance. Dans le monde arabo-musulman, parler de nouvel antisémitisme est absurde, car c'est un monde sémite. Néanmoins, on peut parler d'un nouvel antijudaïsme qui est né de l'existence et de la politique d'Israël. En Égypte et ailleurs, les *Protocoles des sages de Sion* et autres ouvrages fantasmagoriques ont ainsi proliféré. On ne peut pas nier que dans une partie du monde, Israël fait l'objet d'un nouvel antijudaïsme. Beaucoup de personnes originaires des anciennes colonies, en même temps qu'elles développent une pensée de l'antisystème, s'opposant au néoracisme ambiant, ont considéré que la cause et l'origine de ce mauvais système étaient les Juifs.

En France, c'est curieux, car il y a aussi un déplacement de l'antiarabisme et de l'anti-islamisme. De même, les Roms, population martyre depuis des siècles, sont devenues une population bouc émissaire : on expulse les familles, alors qu'on sait très bien qu'il y a une grande capacité d'intégration de ces populations. Par exemple, en

Espagne, sous le gouvernement socialiste de González, des mesures gouvernementales ont permis que de jeunes Tziganes aillent à l'école et aident encore mieux leurs parents, qui craignaient que ne se dissolve leur identité. En conclusion, nous sommes, je crois, dans une période extrêmement régressive. C'est comme s'il y avait un retour du vichysme, sans la présence des troupes allemandes.

L. A. – Pensez-vous que la période de régression que nous connaissons est telle aujourd'hui qu'elle s'apparente au vichysme ?

E. M. – C'est un néovichysme, car on réhabilite la devise « Travail, Famille, Patrie ». Ce n'est pas encore évident pour le travail, mais concernant la famille, c'est assez frappant et intéressant avec les manifestations des familles, qui amenaient dans les rues aussi bien des jeunes couples avec leurs landaus que des personnes âgées. Ma femme a par exemple interviewé une vieille personne de 96 ans sur son fauteuil roulant qui lui a répondu qu'elle était à cette manifestation pour défendre la famille. On voit, avec les rumeurs sur l'enseignement de la théorie du genre, qu'il y a des angoisses réelles qui se sont cristallisées autour de la famille, tout en oubliant ce que signifie cette notion. Malheureusement, aucun responsable politique n'a souligné que la crise de la famille en France est déjà ancienne, commence avec la nucléarisation de la famille, la fin de la famille élargie et la libération sexuelle qui facilite les divorces. La famille est donc déjà en crise pour des raisons historiques, politiques et culturelles. Cette famille en crise est cependant aussi un refuge, car on a peur de la solitude dans un monde de plus en plus anonyme.

L. A. – Il y a eu également le vote du mariage pour tous qui a ébranlé bien des certitudes.

E. M. – Ce qui est intéressant justement, c'est que le mariage homosexuel est dans le fond à la gloire du mariage, puisqu'il le consacre. Les partisans du mariage auraient donc dû être enchantés que le côté noble et sacré du mariage soit mis en avant. Mais pas du tout, cela est vu au contraire comme une souillure, une profanation de la famille. Tout cela joue. On aurait dû dire à ces familles qu'on comprend leur angoisse mais qu'elle n'est pas fondée. De même, la querelle sur le sexe et le genre, querelle ancienne, qui agite le monde intellectuel depuis quelques années maintenant, est absurde car le sexe vient certes biologiquement, mais le genre vient ensuite avec la culture. Il est évident que la culture modifie le statut des sexes mais qu'au départ nous sommes différents sexuellement et hormonalement. Tout cela a pris des formes de pensée seulement alternatives, dans lesquelles il ne pouvait s'agir soit que de sexe, soit que de genre. Cela a ainsi donné lieu à des combats entre les biologistes et les culturalistes.

Nous sommes donc dans une époque de crétinisation mentale parce qu'on ne voit pas les complexités de la réalité. C'est exactement la même chose concernant les débats qui opposent d'un côté la croissance et de l'autre la décroissance, alors qu'il faut évidemment que certaines choses croissent, comme l'écologie, et que d'autres décroissent comme l'économie des choses superficielles, trompeuses. Nous sommes trop fixés dans une pensée binaire et alternative. J'y vois un signe de décadence de la pensée, pas seulement de régression sociale et politique.

7

Comment vivre avec l'incertitude comme principe ?

L. A. – Aujourd'hui, nous avons un peu l'impression de vivre dans un monde politique pulvérisé, où la notion même d'appartenance à un parti paraît désuète. Comment vivez-vous dans ce monde d'incertitudes ?

E. M. – Je crois que je vis ce monde avec l'expérience de l'incertitude, du surgissement de l'inattendu et de l'improbable. Je vous ai déjà parlé de l'inattendu, qu'a été la résistance soviétique. Un autre événement a été inattendu : Stalingrad. Les autres événements étaient plus probables, mais la guerre aurait dû se finir plus tôt, s'il n'y avait pas eu cette résistance, tellement acharnée. Le bloc des Alliés s'est disloqué, ce qui était peut-être prévisible, mais cela s'est fait d'une façon tout à fait étonnante. Je dois dire que la guerre d'Algérie, que j'ai vécue, m'a montré elle aussi qu'arrivait l'inattendu, l'incertain, l'improbable. Je pense donc qu'il va arriver encore de l'inattendu, bon ou mauvais, dans notre temps. Aussi, je ne pense pas qu'on soit toujours mis devant le fait accompli mais qu'il faut continuer à faire ce qui nous paraît bon coûte que coûte. Je vis tout cela sans désespoir et sans espoir illusoire. D'ailleurs, quand on parle d'espoir, il s'agit toujours d'une possibilité, et jamais d'une certitude. Je suis prêt, si la régression continue, à vivre dans une oasis de fraternité et de résistance, en attendant des temps meilleurs, à continuer de sauvegarder les valeurs essentielles auxquelles je crois. L'expérience m'a enseigné qu'il fallait affronter les temps difficiles, et je sais que je ne serais pas seul. C'est tonique de résister. Je ne me gargarise pas d'espérance, mais il y a quelque chose qu'on doit continuer à défendre, c'est le parti d'Éros. C'est ma conviction et c'est ce qui me maintient en forme.

L. A. – Le parti d'Éros passe aussi par une résistance à ce qui était hélas, prévisible. Ce qui est prévisible, c'est le fait que nous continuions à porter atteinte à la nature. Vous avez été un visionnaire dans ce domaine, puisque vous vous êtes toujours engagé pour la défense de la nature, de l'environnement et de l'écologie. Comment expliquez-vous qu'aujourd'hui, alors que toutes les informations nous parviennent par le biais des plus grands scientifiques que des sommets internationaux réunissent, les grands de ce monde prennent si peu et si lentement en charge les problèmes essentiels ?

E. M. – Ce sont les lenteurs de la prise de conscience. Je me souviens très bien que, quand j'étais en Californie, je côtoyais des écologistes et biologistes, et ils m'avaient déjà mis en alerte sur ces questions. J'ai lu alors *La Mort de l'océan* de Paul R. Ehrlich, qui, d'une façon peut être prématurée, annonçait ce qui se passe maintenant, c'est-à-dire la dégradation des océans, pas seulement à cause de la surpêche, mais aussi à cause de toutes les déjections et pollutions. Ce qui m'a beaucoup aidé, c'est que j'ai pris conscience des deux messages fondamentaux qui étaient délivrés par ce livre : le premier partait sur les dangers pesant sur la biosphère et le second nous avertissait sur les dangers d'une civilisation qui perdait la convivialité. Je me souviens que j'ai fait une conférence à mon retour en France en 1972 intitulée « L'an I de l'ère écologique ».

Il n'y eut alors aucune résistance à la destruction de la Terre, alors, car toute notre éducation est fondée sur la séparation de l'homme avec la nature. La Bible enseigne que l'homme est fait à l'image de Dieu, et non les animaux. Paul annonce que les hommes peuvent ressusciter mais pas les chiens et les chats. Descartes explique aussi que les animaux n'ont pas d'âme et sont des machines. On a donc été conduits à nous dissocier de la nature, bien que nous ayons une nature animale en nous. Sans la végétation, sans les animaux, nous n'aurions plus de nourriture.

Il fallait lutter contre une empreinte culturelle terrible de la civilisation judéo-christiano-occidentale. D'autre part, quand il y avait des alertes comme Tchernobyl, cela générait des émotions, qui étaient immédiatement calmées par le retour au quotidien. Même le réchauffement climatique qui s'est manifesté l'été dernier par des phénomènes tout à fait inattendus a bien été ressenti mais aussitôt oublié. La prise de conscience est donc très difficile d'abord chez les citoyens, ensuite à la tête des États, car les États souverains hésitent à prendre des mesures drastiques. Certains États pensent pouvoir jouir du réchauffement climatique, comme la Sibérie, qui espère avoir des vignes, des palmiers.

Ce qui manque également, c'est la compréhension du fait que, bien que la mondialisation soit responsable de la création d'une communauté de destins pour tous les humains, elle a créé de telles angoisses et de tels replis culturels qu'au lieu de prendre conscience du destin que nous avons en commun, nous nous enfermons sur la conscience de notre ethnie, de notre religion. Autrement dit, cela développe des particularismes au lieu de développer notre humanité commune. Ce sont les terribles difficultés qu'on rencontre. Mais je pense que plus on s'approche de l'abîme et plus il y a la possibilité du sursaut. Hölderlin disait que là où croît le péril, croît aussi ce qui sauve. Mais les gens, aujourd'hui, comme le disait la chanson, pensent puis oublient, prisonniers du présent et du quotidien. Malheureusement, ni nos hommes politiques, ni nos philosophes, ne travaillent à faire prendre conscience de cela. Nous sommes extrêmement rares à tenter de donner l'alerte et quelques-uns de ceux qui la donnaient n'existent plus comme Serge Moscovici, André Gorz ou René Dumont. Je suis un dinosaure qui perpétue ce combat, et qui, heureusement, a des adeptes un peu partout dans le monde. Mais, nous sommes trop dispersés et il y a trop de retard. Néanmoins, il faut, avec l'énergie du désespoir, continuer à chercher à faire prendre conscience des choses la population.

L. A. – Vous êtes toujours un citoyen engagé, vous êtes aussi encore, heureusement, un penseur qui essaie de trouver des solutions et des hypothèses. Pouvez-vous nous parler de la manière dont vous pensez le sujet, qui devient de plus en plus obsédant dans le discours public, des migrants ? Comment travaillez-vous sur ce problème des migrations ?

E. M. – Je mène ma réflexion autour de la notion assez répandue de seuil de tolérance. On pense qu'une communauté donnée ne peut pas tolérer un certain pourcentage d'étrangers. Je crois, en fait, que le seuil de tolérance n'est ni physique, ni biologique, mais psychologique. Je me souviens que lors des désastres de la France en 1940, la moitié de la France, soit 20 millions de personnes, a basculé du Nord vers le sud. Pendant un mois, ils ont été accueillis, nourris, avec quelques excès mais aussi beaucoup de bienveillance. Aujourd'hui la France a des villages complètement désertés, avec des terres abandonnées. Nous voyons donc qu'on pourrait accueillir. En outre, beaucoup de métiers que les Français ne veulent plus faire pourraient être occupés par ces immigrants. Par ailleurs, il y a des élites intellectuelles qui peuvent apporter leur contribution. Jordi Savall par exemple a fait un orchestre de musique médiévale, ouvert à des artistes syriens et libanais. Plus arrivent des médecins, des artistes et des ingénieurs et plus c'est bénéfique. Le pseudo-seuil de tolérance dépend donc de notre mentalité. Ou bien nous sommes bienveillants, accueillants et sommes ouverts, ou bien nous nous fermons.

Il y a deux choses à prendre en considération : l'accueil d'une part, et les mesures d'urgence d'autre part. Ces mesures d'urgence ne sont plus à prendre aujourd'hui parce que le grand flux migratoire s'est arrêté en 2015. Aujourd'hui, continuent à arriver des migrants de famines, de guerres, mais le grand flux est arrêté. Donc on agite toujours le drapeau de l'arrivée massive des migrants, alors qu'il n'y en a plus depuis deux ou trois ans. J'ajoute qu'il y a également d'autres mesures à prendre : dans des pays africains, il y avait beaucoup de petits paysans qui vivaient en autonomie de leur polyculture et qui ont été chassés, expulsés par les grandes sociétés qui font de la monoculture industrielle, pas destinée aux personnes vivant dans ces pays mais aux pays disposant d'une richesse économique.

Ainsi, on exploite l'Afrique et on prive ces pays africains de l'économie vivrière qui est un des biens les plus précieux. Je pense qu'il y a un postcolonialisme économique qui crée cette misère et pousse à fuir. Il faut transformer la politique des pays riches pour provoquer une décolonisation et leur permettre d'acquérir une économie vivrière. Par exemple, au Maroc, que je connais un peu, les paysans ne produisent plus de blé, car ils importent le blé français qui dispose de subventions de l'Europe. Ainsi, le Maroc se trouve privé d'autonomie en ce qui concerne cette céréale essentielle pour le couscous et pour le pain. Il y a donc deux choses à faire : d'une part, mettre en place une politique d'accueil et, d'autre part, changer la politique économique vis-à-vis de ces pays.

L. A. – L'Europe est-elle le seul cadre pour tenter de répondre aux problèmes économiques de notre temps ?

E. M. – Je suis devenu proeuropéen en 1973, au moment où il y a eu la crise du pétrole, où on était comme des malades en Europe, en attente d'un sang qui venait de l'extérieur. À ce moment-là, je me suis rendu compte que l'Europe, qui avait dominé le monde, n'était plus qu'une pauvre vieille chose, et qu'elle n'avait plus son péché colonialiste. C'était l'époque où la dernière colonisation, celle du Portugal, cessait. L'Europe s'était purifiée. Donc, je suis devenu intensément proeuropéen.

Je crois que dès le début, l'Europe a reçu un coup très profond : le refus par la France de la Communauté européenne de défense a écarté toute possibilité de développement d'une Europe politique. Et, dans cette crise-là, à l'ère de la prospérité des années 1955 et du développement économique européen, cela a favorisé la Communauté européenne du charbon et de l'acier, et finalement, l'Europe économique a abouti à l'euro. Mais cette Europe économique est devenue de plus en plus une économie soumise à une techno-bureaucratie, celle de Bruxelles, sous la dépendance d'enjeux financiers très importants. Cette dérive de plus en plus technocratique fut le premier malheur de l'Europe. Je continuais cependant à espérer parce qu'il fallait à tout prix éviter la scission. C'est pourquoi j'ai voté positivement au traité de Maastricht, bien que je n'y crûsse pas.

Le deuxième échec fut qu'on tarda trop à inclure les pays de l'Est, pour des raisons économiques, malgré leurs aspirations à intégrer l'Europe. Quand on les a acceptés, après des épreuves économiques, c'était un peu tard. Il n'y avait plus ce souffle européen chez eux. Il y a ainsi eu de profondes divergences lorsque des événements mondiaux sont survenus. Quand éclata la guerre d'Irak, les pays de l'Est étaient pour l'intervention américaine, car c'était contre un dictateur, Saddam Hussein, qui était, pour eux, une sorte de petit Staline, alors que pour nous, c'était beaucoup plus une guerre comportant des dangers terribles, menée pour des intérêts sordides.

Aujourd'hui, de plus en plus, ces pays regardent du côté de la Russie, alors que nous, nous regardons du côté de la Méditerranée et du Moyen-Orient. Ajoutez les crises survenues avec le problème de la Grèce, où l'attitude de l'Europe a été honteuse, et celui de l'arrivée de migrants pauvres, venant de Syrie, d'Irak et d'Afghanistan, celle du Brexit et des tendances centrifuges comme en Italie, et on obtient une Europe très malade. Il faudrait la régénérer. C'est très difficile. Je pense, qu'actuellement, il faut absolument éviter la dislocation. C'est le premier point, mais maintenant, le couple franco-allemand s'est fragilisé. La France présidera l'Europe dès janvier. Elle pourra, je l'espère, la consolider.

Car il y a tous ces systèmes néo-autoritaires qui se sont installés pas seulement en marge de l'Union européenne, comme en Turquie et en Russie, mais également en son sein avec la Hongrie, la Pologne, les menaces sur l'Autriche. L'Allemagne est préservée, comme c'est un pays qui a connu l'expérience du nazisme, c'est le pays qui reste le moins en danger. En France, le danger n'est nullement écarté mais il recule pour un temps avec la défaite de Marine Le Pen aux élections présidentielles. L'Europe pourtant est en danger ; les forces souverainistes sont en action. Il n'y a pas cette conscience d'un destin commun qui peut, seul, souder les choses. L'opinion générale est très sceptique et nous n'avons pas par ailleurs conscience d'une chose encore plus importante, qui est la communauté de nos destins terrestres, qui pourrait envelopper notre conscience européenne. Après mon livre *Penser l'Europe*, nous avons fait, mon ami Mauro Ceruti et moi, un livre *Notre Europe. Décomposition ou Métamorphose*, en 2014 qui n'a eu aucun retentissement dans lequel nous exposions nos idées sur la façon de régénérer l'Europe. Nous en sommes loin. On peut même dire que la génération qui a fait l'Europe, animée par un sentiment de dégoût vis-à-vis des guerres fratricides qui nous ont ensanglantés, est morte et disparue ! Et il ne faut pas oublier que l'Europe a subi quelque chose de terrible avec la guerre de Yougoslavie qui l'a mise en morceaux et face à laquelle nous avons été complètement impuissants. Donc, l'Europe est en crise, la planète aussi, et nous devons affronter cela, créer des îlots de résistance qui nous permettront de tenir le coup si la régression continue. Dans le cas contraire, ils nous permettront de retrouver liberté et communauté.

L. A. – Je voudrais revenir sur un autre événement du passé qui vous a beaucoup marqué, c'est la guerre d'Algérie. Vous allez être solidaire, très vite, des autres intellectuels, comme Robert Antelme, Maurice Blanchot et de ceux qui vont rédiger le Manifeste des 121, en septembre 1960 titré *Déclaration sur le droit à l'insoumission dans la guerre d'Algérie* mais vous allez avoir une position de franc-tireur. Vous ne serez pas farouchement pro-FLN comme certains intellectuels d'alors, mais allez soutenir un autre mouvement, minoritaire à l'époque, et qui le restera : le Mouvement national algérien (MNA). Vous avez été contacté par son président, Messali Hadj.

E. M. – Je dois rappeler qu'avec Dionys Mascolo, Robert Antelme, Louis-René des Forêts, je suis un des quatre fondateurs du Comité des intellectuels contre la poursuite de la guerre en Afrique du Nord. Nous avons recueilli des signatures impressionnantes, comme celle de Roger Martin du Gard. Dès le début cependant, Dionys s'est fait contacter par Francis Jeanson, qui était pro-FLN et moi, j'ai été contacté par Pierre Lambert, trotskiste et personnage curieux, proche de Messali Hadj. Or, Messali Hadj était le fondateur du nationalisme algérien en France, à partir des années 1920, lancé à partir des ouvriers kabyles. Il y a eu une scission entre lui et son comité central, ceux qu'on appelait les centralistes, trop modérés par rapport à Messali Hadj, indépendantiste farouche. Entre ces deux tendances est né un mouvement militaire d'action qui s'appelait le Comité révolutionnaire d'unité et d'action (CRUA) qui a fondé le FLN. Le CRUA, qui avait ses délégués en Égypte, a reçu comme conseil de Nasser de lancer l'insurrection dès que possible, parce que les Américains, qui étaient contre le gouvernement de Pierre Mendès France, ne feraient rien pour aider l'insurrection. C'est ainsi qu'est survenue la Toussaint rouge de 1954. Le FLN a proposé à Messali Hadj d'en être président, mais à condition qu'il dissolve son mouvement, le MNA. Messali, à tort ou à raison, a refusé cette dissolution, voulant conserver son autonomie. À partir de ce moment-là, le FLN l'a accablé de calomnies, comme les communistes pour les trotskistes, comme le Crif pour tout ce qui concerne Israël. Le FLN a détruit les maquis messalistes en Algérie, avec une politique d'extermination.

Pourquoi est-ce que j'ai défendu l'honneur de Messali Hadj et des messalistes ? Parce que, quand j'étais communiste et que j'entendais des calomnies contre les trotskistes, je me taisais. Après avoir quitté le parti, j'ai eu honte de cette attitude. Aussi, j'ai pris la parole et suis entré dans un conflit très violent avec ceux qui pensaient que le FLN était à l'avant-garde de la révolution mondiale et de la Révolution française. La deuxième justification à mon engagement était que, tout en étant partisan de l'indépendance de l'Algérie – nous étions d'ailleurs les premiers à parler de guerre d'Algérie –, j'ai constaté que la politique du gouvernement de Guy Mollet, au lieu de faire une tentative de négociation, avait accentué la répression militaire et policière, produisait au sein du FLN un accroissement du sectarisme. Au contraire, Messali Hadj affirmait accepter le principe de l'autodétermination qui permettrait d'accéder à l'indépendance, à l'image de ce qu'avait fait Bourguiba en Tunisie. Le FLN a donc demandé le préalable de la reconnaissance de l'indépendance pour toute négociation, bloquant ainsi pendant un temps toute avancée. J'ai ainsi compris que le cours des événements, après le coup d'État des généraux d'Alger en 1958, risquait de permettre de développer le pire des deux côtés, c'est-à-dire le risque d'implantation d'une dictature militaire en France, et d'une dictature du FLN en Algérie. En France, nous avons évité cette dictature, grâce au courage du général de Gaulle qui a su renverser les choses. J'ai été cependant un peu « hors coup » à partir de 1962, parce que je suis parti en juin 1962 en Amérique latine, puis j'ai eu une hépatite et ai dû être hospitalisé dans un hôpital de New York. J'ai vécu ainsi une longue convalescence toute l'année des négociations, qui fut aussi celle des épisodes les plus cruels avec les attentats de l'OAS et, de l'autre côté, les massacres de harkis.

L. A. – Cela reste-t-il un impensé de l'histoire contemporaine ?

E. M. – Oui. Néanmoins les choses commencent à se dire. En Algérie même, à Tlemcen, on a construit un aéroport Messali Hadj et un journal algérien a même raconté sa vie. J'ai parlé un jour avec Ahmed Ben Bella qui a reconnu que le FLN avait eu tort d'avoir tellement insulté Messali Hadj. Désormais le messalisme commence à être reconnu dans son histoire, notamment grâce à des historiens comme Benjamin Stora. Bien sûr, Messali entretenait peut-être le culte de sa personnalité, mais quand je l'ai entendu dire que son seul but dans la vie était de donner au peuple algérien la parole, cela m'a beaucoup ému. Malheureusement, le peuple algérien n'a pas eu la parole. Et ce que j'ai compris au bout d'un moment, c'est que c'était une guerre qui pourrissait. Je veux dire qu'à partir de 1956, il y aurait pu avoir un accord, avec les gouvernements de gauche de Guy Mollet et Pierre Mendès France, le FLN n'étant pas encore totalement endurci, si la France avait osé affronter la coalition de l'armée et des pieds noirs. Ce pourrissement a failli nous donner une dictature militaire en France ! Ce n'est que le génie politique du Général de Gaulle qui nous en a sauvés.

L. A. – Concernant le Général de Gaulle, quels jugements portiez-vous sur lui ? Vous disiez dans un article « Peut-être la dictature »…

E. M. – Il faut rappeler qu'il y avait le coup d'État des généraux du 13 avril 1958 dont il était l'émanation, mais dans un article que j'ai fait à chaud à l'époque dans ma revue *Arguments*, j'envisageais l'hypothèse qu'il pouvait faire la paix en Algérie et je ne l'ai jamais traité de « fasciste ».

Je savais aussi qu'il tenait aux gaullistes de gauche un discours pro-fin de la guerre, discours inverse aux gaullistes de droite. Il était extrêmement rusé. Je pensais donc qu'il y avait cette possibilité de négociation.

En tout cas dès qu'il eut réprimé le second putsch des généraux, j'ai bien vu qu'il nous évitait un franquisme ou une dictature militaire à la grecque en France.

Puis j'ai fait dans *L'Observateur* un article sur le « double Je » de De Gaulle. Mais à vrai dire, comme d'autres amis de gauche, dont Gilles Martinet je n'osais exprimer publiquement mon admiration pour ce grand homme.

Je me rappelle par ailleurs que quand j'étais à Tunis à l'époque, j'avais rencontré les gens du Gouvernement Provisoire de la République Algérienne, c'est-à-dire les gens du Front National, qui m'avaient dit « Alors camarade Morin, qu'est-ce que de Gaulle attend pour négocier avec nous ! » Et je leur ai répondu « Mais vous, qu'est-ce que vous attendez aussi ?! ». Je ne regrette absolument pas mon attitude, je suis fier d'avoir défendu les positions de Messali, pas seulement parce que, quand je rencontre des enfants ou des petits enfants de messalistes, ils me remercient et me disent que j'ai sauvé l'honneur de leurs parents, qui étaient des militants courageux de la révolution algérienne et qui ont été pourtant traités de collabos, de salauds, de traîtres. Mais surtout, je suis persuadé que le plus important, c'est de faire la paix, pour éviter le pire, qui est le pourrissement d'un conflit. Malheureusement, le pire s'est produit en Algérie et on a dû en supporter les conséquences. C'est aussi ce qui se passe actuellement dans le conflit entre Israël et la Palestine. Il y a un pourrissement des deux côtés, et non d'un seul.

J'ai consacré un numéro spécial de ma revue *Arguments* au moment du coup d'État de 1958. J'ai écrit un article où je disais qu'il était possible que de Gaulle fasse la négociation. Mais je savais aussi qu'aux gaullistes de gauche il tenait un discours pro-fin de la guerre et qu'aux gaullistes de droite, il tenait un discours inverse. Il était extrêmement rusé. Je pensais donc qu'il y avait cette possibilité de négociation. Je me rappelle que moi-même quand j'étais à Tunis et que j'avais rencontré les gens du Gouvernement provisoire de la République algérienne, c'est-à-dire les gens du Front national à l'époque, de Gaulle m'avait dit : « Alors camarade Morin, qu'est-ce que je dois attendre pour négocier avec vous ? » Et je lui ai répondu : « Mais vous, qu'est-ce que vous attendez aussi ?! » J'ai encore été dans le coup jusqu'aux derniers épisodes qui m'ont contraint à me mettre en retrait. Mais je ne regrette absolument pas mon attitude, car j'ai compris que le plus important était de faire la paix, pour éviter le pire, qui est le pourrissement. Malheureusement il s'est produit en Algérie et on a dû en supporter les conséquences. C'est aussi ce qui se passe actuellement dans le conflit entre Israël et la Palestine. Il y a un pourrissement des deux côtés, et non d'un seul.

L. A. – À ce moment-là, vous décidez de partir à l'étranger, vous allez renouveler votre approche de votre discipline, mais vous allez ensuite revenir en France, et vous serez un des premiers à croire à la probabilité de Mai 1968. Vous allez publier ce livre qui va faire date, et qui s'intitule *La Brèche*. Comment et pourquoi allez-vous sentir que les étudiants sont en mouvement et que, pour reprendre l'expression de Pierre Viansson-Ponté, « la France s'ennuyait », ce qui vous permettra d'être directement en phase avec l'événement et d'écrire sur lui ?

E. M. – Premièrement, avant le Mai 1968 français, il y a eu des révoltes étudiantes aux États-Unis mais aussi en Égypte, en Pologne, dans des pays de structures sociales extrêmement différentes. Au début de l'année 1968, je faisais une conférence à Milan où j'essayais de comprendre l'internationalité des révoltes étudiantes, en dépit des régimes les plus différents. Dès cette époque, je pense donc la possibilité que cette révolte prenne en France. Deuxièmement, à Nanterre, mon ami Henri Lefebvre, qui était professeur de sociologie, partait en

Chine et me demanda d'assurer son cours pendant un mois. J'arrivai donc en mars ou avril 1968 à Nanterre, et j'ai vu, au milieu des cartes de police, un jeune rouquin qui gesticulait, sans savoir encore que c'était Daniel Cohn-Bendit qui parlait très bien et semblait prendre la tête d'un nouveau mouvement. Je vois cette agitation incroyable et je me dis que c'est un bouillon dont quelque chose va sortir. Je ne savais pas encore que ce bouillon prendrait une expansion beaucoup plus grande que celle des autres pays, car cela se combinerait avec un mouvement social. J'étais donc très attentif à tout ce qui se passait, d'autant plus que je m'étais lié d'amitié avec quelques membres du groupe du 22 mars, ce groupe qui était un peu anarchiste, dont faisait partie Cohn-Bendit. Mon ami et collaborateur Bernard Paillard, qui était alors encore étudiant, suivait les événements, allait sur place, notamment aux occupations de Jussieu ou de la Sorbonne, et m'avertissait immédiatement de ce qui se passait. Ainsi je me suis rendu très vite à Jussieu, où, dans des petites salles, des étudiants travaillaient sur les problèmes d'actualité, faisaient de la politique et que c'était une ruche formidable. J'ai invité mes amis Cornelius Castoriadis et Claude Lefort à venir voir ce qui se passait. La révolution se transporta ensuite à la Sorbonne et j'y ai suivi les événements directement. J'avais ainsi accès à des informations que les médias et les professeurs n'avaient pas. Je les ai donc rassemblées et j'ai fait ma première série d'articles sur la « Commune étudiante ». J'ai ensuite fait une deuxième série, mais je dois dire que j'étais un peu exalté par le côté fraternel, en ébullition du mouvement, et refoulais les côtés négatifs du mouvement comme les amalgames CRS = SS. Je demeurais dans l'idée que les vrais animateurs du mouvement étaient ces groupes libertaires à l'image de Daniel Cohn-Bendit et que les groupes maoïstes et trotskistes n'avaient fait que parasiter le mouvement tout en le développant. C'est pourquoi je croyais qu'il s'agissait d'une répétition générale augurant quelque chose de plus grand pour le futur, mais je ne pensais pas que ce mouvement aboutirait à la Révolution, comme le croyaient les trotskistes. Je considère que ce que j'ai écrit dans *Le Monde* à l'époque puis dans *La Brèche* est encore aujourd'hui tout à fait valable.

L. A. – Les événements s'inventent au jour le jour et fabriquent progressivement un récit. Aujourd'hui, l'hypothèse d'une Révolution est-elle encore imaginable ?

E. M. – Ce qui s'est passé en Mai 1968 correspondait à l'explosion d'une aspiration à plus d'épanouissement personnel, plus de communauté et de fraternité. C'est exactement ce que j'ai vu en Californie, où tout cela a commencé. C'est une aspiration qui traverse l'histoire humaine, à la base de toutes les Révolutions, et qui renaîtra, à mon avis, sans arrêt. Plus la vie est morcelée, sombre, prosaïsée, dominée, abrutie, plus les aspirations seront importantes, surtout chez les jeunes. Qu'est-ce que la jeunesse aujourd'hui ? C'est l'espace entre le cocon de l'enfance et l'insertion, voire la domestication dans le monde des adultes. Cette adolescence psychologique dure plus que l'adolescence physique car cela peut durer jusqu'à 25-28 ans, jusqu'au moment donc où l'on se marie, où l'on fait des enfants et trouve un travail. Je crois que l'aspiration va renaître, mais que les formules proposées de Révolution sont obsolètes.

L. A. – Pensons aux espoirs suscités par les Printemps arabes…

E. M. – Exactement comme en 1789, c'est une explosion merveilleuse, un lever de soleil. Néanmoins, le cours des événements montre que tout cela est non seulement détourné, mais que ce détournement est fait dans un sens radicalement différent. Après 1789, on a eu la Terreur, Bonaparte et la Restauration. Néanmoins, l'élan de 1789 était fécond, l'idée d'une liberté, d'une égalité, auxquelles 1848 a ajouté l'idée d'une fraternité. Je pense donc que le message initial va renaître en dépit des détournements. Par ailleurs, je pense que l'humanité est désormais dans un processus qui la pousse droit vers des catastrophes. Il faut changer, prendre une voie nouvelle, et aboutir à une métamorphose. Quelle est la différence avec une Révolution ? La Révolution appelle à faire table rase du passé. La métamorphose invite à utiliser toutes les ressources du passé, notamment culturelles, pour procéder à la transformation, tout comme la chenille qui devient papillon. Cette métamorphose n'est pas un privilège de quelques insectes. L'Europe féodale du Moyen Âge s'est transformée en Europe moderne. On a vu surgir, parmi les petites sociétés de chasseurs-cueilleurs, les cités des grands Empires de l'Antiquité. La métamorphose peut donc arriver. Je crois qu'il y a besoin d'un chemin nouveau, produire des confluences, comme celles des ruisseaux et des rivières, pour aboutir à la nouvelle politique et à la nouvelle pensée.

8

Un éternel insurgé

L. A. – Vous aimez beaucoup les symphonies de Beethoven, qui vous donnent, dites-vous dans vos livres, de l'énergie, de la spiritualité, de l'élan vital et aussi un désir de comprendre le monde dans toute sa complexité.

E. M. – Effectivement, écouter Beethoven me revitalise, me réénergétise, me régénère, à chaque fois.

L. A. – Il est assez incroyable de constater la façon dont l'énergie de cette musique peut nous donner la sensation que le sang circule dans notre corps, remonte jusqu'à notre cerveau. Cela rejoint aussi certains cycles de votre vie car quand on relit vos livres, on s'aperçoit que vous avez connu de nombreuses séquences, où vous avez été considéré comme mort ou plus du tout au monde.

E. M. – Oui, car ma mère est morte quand j'ai 10 ans, et il se trouve que l'année suivante, j'ai eu une maladie mystérieuse, inconnue des médecins, qui m'a donné 41 de fièvre. J'ai survécu parce qu'on m'a mis de la glace sur tout le corps. Et puis dix ans plus tard, nous entrions dans l'époque de l'Occupation, puis, je basculais, en 1941, dans la Résistance. Évidemment, je courais alors, comme tous ceux qui s'engageaient comme moi, un risque de mort réel. Dix ans plus tard, j'ai connu une renaissance psychologique parce que la même année sortait mon livre *L'Homme et la Mort*, et j'entrais au CNRS, où j'ai pu commencer à travailler à devenir ce que je suis aujourd'hui. La même année sonna aussi mon divorce radical avec le Parti communiste, où je m'étais engagé pendant la guerre sous l'Occupation. Dix ans plus tard, en 1962, j'attrape une grave maladie, une hépatite profonde qui me plonge quelques jours dans le coma dans un hôpital new-yorkais. Mais c'est aussi un changement de vie. Je quitte mon foyer, je vis seul. Je recommence une nouvelle vie.

Et puis encore dix ans plus tard, presque au début de l'année 1970, je fais une résidence dans un institut de recherche biologique en Californie à San Diego. Pour moi, c'est un recommencement de la pensée, de la vie, une renaissance, une joie, une jouissance merveilleuse, qui va me propulser, et me donner l'idée de faire cet immense travail qui s'appelle *La Méthode*. Dans les années 1980, il y eut aussi un changement de vie car je m'étais séparé de mon épouse Johanne et j'épousais Edwige, une femme qui m'a profondément marqué, qui a été très importante, et qui m'a fait vivre aussi une angoisse de mort, car dès la première année, elle a failli mourir d'une crise d'asthme brutal. J'avais ainsi l'impression que je devais tout le temps lutter contre la mort pour la sauver, ce que je n'ai pas pu faire, plus tard, en 2008.

Je dirais que les années 1990 ont aussi été des années très importantes parce qu'elles ébranlèrent de nombreux événements à l'échelle du monde. C'était la mort, bienheureuse pour moi, de l'Union soviétique, la fin du totalitarisme. Mais la mort de la pieuvre totalitaire a provoqué le réveil de la pieuvre du fanatisme religieux et la surexcitation de la pieuvre du capitalisme financier.

Comme quoi un bien produit des maux divers. Je ne sais pas ce qui va se passer désormais, mais j'arrive dans une période décennale de mort et de renaissance.

L. A. – Vous avez publié beaucoup de livres sur vos différentes appartenances, qu'elles soient politiques, idéologiques, psychiques, mais aussi littéraires. Vous dites dans *Autocritique* : « Jusqu'à un certain âge, la littérature nous prépare à la vie. Elle canalise la circulation entre le réel et l'imaginaire. Elle allaite nos tropismes affectifs. Au sortir de l'enfance elle nous doue d'une âme. Elle propose des patrons modernes, sur lesquels s'habilleront nos tendances individuelles. Et cet habillage, qu'il soit du sur-mesure ou de la confection, donnera forme à notre personnalité. Elle nous offre des antennes pour entrer dans le monde. Je ne veux pas dire qu'elle nous adapte à ce monde. Au contraire, ses ferments de refus et d'inadaptation, son caractère profondément adolescent contredisent ce monde. Mais ils le contredisent en nous y faisant accéder. »

L. A. – C'est à la lecture de certaines œuvres comme celles de Roger Martin du Gard, avec *Jean Barois*, ou avec *Jean-Christophe*, de Romain Rolland, que vous développez intérieurement votre scepticisme et cet esprit de contradiction qui vous animent jusqu'à aujourd'hui.

E. M. – C'est vrai. Ce qui m'a beaucoup frappé dans *Jean Barois*, c'est cette lutte permanente entre le besoin de croire et la tendance contraire, à la fois sceptique et rationnelle, de ne pas croire. J'ai toujours vécu, pour ma part, dans cet antagonisme permanent et finalement complémentaire ; entre ce besoin de croire, de communion, d'adhésion, et au contraire, ce besoin d'une rationalité critique, sceptique. Aucun n'a en définitive triomphé. J'aimerais ici reprendre l'interrogation de Kant : « Que puis-je penser, que puis-je croire, que puis-je espérer ? Pour répondre à ces questions, il faut que je sache ce que c'est que l'homme. » C'est ce que pensait aussi Roger Martin du Gard. Tout ce que j'ai essayé de faire finalement, c'est moi aussi de répondre à ces questions en passant par la réinterrogation de l'être humain, et ce, depuis *L'Homme et la Mort*, que je considère comme mon premier livre important. Pour moi, la philosophie et la pensée passent par l'anthropologie : on ne peut pas mettre entre parenthèses le fait que nous soyons un tissu de contradictions, un mélange de raison et de folie, de délire.

L. A. – Ce qui est très important dans votre œuvre, c'est qu'on ne peut jamais y cloisonner les disciplines. En cela, vous avez été un précurseur. Vous avez été un des premiers à introduire par exemple l'anthropologie, l'écologie, les sciences biologiques dans la sociologie. Vous avez fait des allers-retours aux États-Unis à un moment où cela n'était pas du tout à la mode. Vous avez ainsi introduit, à l'intérieur de la sociologie, une pensée sur le monde scientifique. On vous doit aussi d'être l'inventeur de la complexité. Mais je me demande si ce n'est pas votre expérience d'homme qui vous a permis de penser cette complexité si importante sur le plan philosophique, idéologique, politique et intellectuel, à l'image de Jean Cassou, que vous aviez bien connu, qui avait arrêté de faire de la poésie dans sa jeunesse et qui s'y était brusquement remis, sous l'Occupation, alors qu'il était en prison. Il disait que c'était parce qu'il se trouvait alors dans les meilleures conditions pour que la poésie se manifeste, c'est-à-dire le silence et la solitude. La poésie était selon lui une sorte de surgissement de la mémoire oubliée, que le poète tout d'un coup exhumait, sortait de l'obscurité, par un sentiment de nostalgie et de mélancolie. Partagez-vous cette expérience poétique ?

E. M. – Je suis très heureux que vous citiez Jean Cassou, grand homme et grand poète, aujourd'hui ignoré, que j'ai aimé, admiré, qui a été un des tout premiers résistants. Il fait allusion ici aux sonnets qu'il a composés dans le secret, qu'il n'a pu écrire qu'en sortant de prison. Ce qu'il dit est pour moi, non seulement, profondément vrai, mais je dirais même que, dans la suite du message délivré par les surréalistes, je considère la poésie comme quelque chose de vital, qui se manifeste quand nous aimons, quand nous sommes en effusion, quand nous communions. Pour moi, poésie et littérature ont de plus en plus d'importance. Je parle aussi de la littérature car il y a, par exemple, cette phrase d'Ernesto Sábato qui dit que « le roman est aujourd'hui le seul observatoire d'où l'on puisse contempler la condition humaine dans son intégralité ». Les sciences humaines détruisent la chose humaine, l'individu, la particularité. C'est le roman qui nous montre la vie intégrale.

Si je réfléchis au rapport entre ma vie et mon œuvre et si l'on prend l'exemple de mon premier livre important, *L'Homme et la Mort*, il est certain que j'ai choisi ce thème de la mort non seulement parce que la mort de ma mère m'avait marqué à jamais, mais aussi parce que j'ai eu tant d'amis morts pendant la guerre, dans la Résistance, fusillés, ou déportés ! Quand j'ai voulu interroger la mort, j'ai cependant constaté, à la Bibliothèque nationale, qu'à ce mot « mort », il n'y avait pratiquement rien : cela m'a incité à rechercher dans la préhistoire pour savoir comment nos ancêtres concevaient la mort, c'est-à-dire les tombes, les enterrements, les croyances dans les esprits. Savoir comment les religions conçoivent la mort : j'ai dû interroger l'ethnographie ; j'ai dû interroger la science des religions, l'histoire de la pensée, la psychologie, pour comprendre par exemple comment l'enfant découvre la mort. J'ai dû aussi questionner la façon dont les sociétés évoluent et essaient de refouler la mort, comme c'est le cas dans la société contemporaine. Et bien entendu, j'ai dû m'intéresser à la biologie, car la mort est un phénomène biologique. Aussi, ce n'est pas du tout par manie que je suis devenu inter ou transdisciplinaire. Chaque fois que vous prenez un sujet important, aucune discipline séparée ne vous permet de le traiter. Il faut puiser dans des savoirs dispersés. Cela m'a valu une mauvaise réputation pendant longtemps et puis aujourd'hui, les choses commencent à s'améliorer. Donc, bien entendu, tout ce que j'ai écrit a été le produit de mon expérience vécue. Je crois que c'est Nietzsche qui disait « Je ne peux pas dissocier mon œuvre de ma personne ». C'est très vrai.

Pour revenir sur le rôle des intellectuels dans le cours de l'histoire, j'ai toujours été frappé par cette phrase de Hegel qui disait que « si la pensée n'est pas transformée, la réalité ne peut être transformée ». Je pense en effet que ce sont les penseurs qui permettent les grandes transformations. Maintenant, il ne faut pas cependant affirmer que tous les gens du pouvoir sont des misérables. Il y en a beaucoup de cette trempe, mais il y a aussi des personnalités qui se sont révélées justement dans les grandes catastrophes comme Churchill ou de Gaulle. Normalement, le pouvoir échoit à des médiocres mais ce n'est paradoxalement pas le cas dès lors qu'il arrive des situations épouvantables… Il a ainsi fallu Diên Biên Phu pour qu'on ait Mendès France. Je dirais qu'il faut à la fois refuser ce monde et l'accepter, mais que pour l'accepter, il faut le refuser. C'est un peu ce que disait Beethoven avec sa formule « *Muß es sein ? Es muß sein !* », ce qui veut dire : « Est-ce que je dois accepter la chose ? Oui, je dois l'accepter pour pouvoir la refuser. »

L. A. – Vous avez été, il y a quelques années, soumis à la calomnie, traîné devant les tribunaux. On vous a accusé vous, le grand résistant, d'être un antisémite. Aujourd'hui vous avez gagné votre procès, mais avez-vous été ébranlé moralement par ces accusations ?

E. M. – On m'a accusé de penser que si je militais pour la défense d'un peuple souffrant et malheureux, c'était pour des motifs bas. Du reste, en ce qui me concerne, la calomnie n'est pas morte. Encore récemment, le directeur de Radio J disait à une amie que mon but était la destruction de l'État d'Israël. C'est comme pour la rumeur d'Orléans sur laquelle j'avais fait un livre. La rumeur selon laquelle je veux la destruction d'Israël continue d'exister. Ce qui est terrible, c'est que la seule politique raisonnable pour sauver Israël dans le futur, c'est qu'ils puissent s'intégrer dans ce Moyen-Orient au lieu d'y être une puissance résolument hostile. Non seulement je critique ce que fait l'armée israélienne et ce qu'elle continue de faire, non seulement je pense que la situation du peuple palestinien est désespérante et désespérée.

9

Comment penser l'avenir de l'humanité ?

L. A. – Il y a eu votre revue *Arguments*, ainsi que tout ce mouvement intellectuel qui a permis de faire comprendre aux jeunes générations qu'on pouvait agir sur le monde. Et puis, vous avez entamé un nouveau cycle dans votre vie et dans votre engagement intellectuel. Vous avez élargi votre propre champ de possibilité en introduisant cette notion de complexité. Je rappelle que votre travail sur la méthode représente douze volumes et trente ans de travail et que, quand on relit cette œuvre, on peut y découvrir – en dépit parfois des difficultés liées au fait que vous recourez à plusieurs vocabulaires scientifiques qu'on ne peut pas forcément comprendre lorsque l'on n'est pas issu de ce domaine – une œuvre monumentale. On vous sent de plus en plus appelé, comme sommé, à essayer de penser l'avenir du monde. Quarante ans plus tard, vous publiez en 2011 un livre, *La Voie. Pour l'avenir de l'humanité*. On a ainsi l'impression que tout cet habitacle, philosophique, politique, intellectuel, littéraire, musical, s'assemble pour pouvoir, à la fois nous donner de la désespérance, et des lueurs d'espoir.

E. M. – Tout d'abord, je tiens à préciser que, concernant *Socialisme et barbarie*, je n'ai pas fait partie du groupe, mais, j'étais évidemment extrêmement lié avec Claude Lefort et Cornelius Castoriadis, et ceci, jusqu'à leur fin. Ils m'ont beaucoup influencé. Pour la revue *Arguments*, que j'ai tenté de diriger dans un esprit de communauté, nous voulions une révision générale, une repensée du monde, pas seulement du marxisme, mais de tout. Pour moi, ça a été, avant mon départ pour la Californie, un bain de jouvence, qui m'a permis de comprendre quel était mon programme de travail, c'est-à-dire celui d'une repensée généralisée du monde, qui impliquait de repenser la mondialisation, dans laquelle nous étions emportés. Pour moi, c'est aussi l'époque où a commencé la gestation de l'idée d'une pensée complexe. J'ai compris que nous étions partout confrontés au défi de la complexité et qu'il fallait, pour être capable d'y répondre, réformer notre façon de penser, trop compartimentée, trop analytique.

Dans mon livre *La Voie*, tous ces thèmes reviennent, notamment le thème politique, que j'ai appelé ainsi, mais qui est en réalité anthropolitique, car il s'agit d'élaborer une politique de l'homme et de l'humanité ! J'y développe l'idée qu'il faut tout changer, mais abandonner aussi l'idée de révolution pour celle de métamorphose, qui permet d'être autre, mais en reprenant l'héritage du passé, au lieu de faire table rase. Je pense qu'on ne peut arriver à une vraie métamorphose qu'en changeant de voie, mais qu'on ne peut changer de voie que par une multiplicité de chemins, de réformes, car tout est à réformer. Il faut intégrer dans la métamorphose une réforme de la vie, de sa propre vie, une réforme de l'éthique, de l'amour, parce que l'amour lui-même, qui est la chose la plus belle, peut se dégrader en possessivité. L'amour doit être un don ! Il faut aussi agir pour les adolescents d'aujourd'hui, car il s'agit d'un âge merveilleux, à la fois d'aspiration, de révolte et aussi de transgression. Il faut comprendre au lieu de réprimer sans arrêt. Il faut également réformer la vieillesse. J'essaie donc de montrer que toutes les réformes sont solidaires. Ce livre est un peu un testament, une reprise de tous les thèmes de ma vie pour faire, non pas une belle symphonie, comme Beethoven, mais pour unir et faire interagir tout cela, comme dans une œuvre musicale.

L. A. – En même temps, vous êtes un réaliste et pas un idéaliste. À la fin de votre ouvrage, vous écrivez : « L'espérance semble morte, les vieilles générations sont désabusées par les fausses promesses et les faux espoirs ; les jeunes générations sont plongées dans le désarroi. Elles se désolent qu'il n'y ait plus de cause à laquelle se vouer comme la Résistance pendant la Seconde Guerre mondiale, mais celle de notre cause portait en elle-même son contraire. Comme le disait Vassili Grossman, à Stalingrad, la plus grande victoire de l'humanité fut en même temps sa plus grande défaite, puisque le totalitarisme stalinien en sortit vainqueur. La victoire des démocraties rétablit du même coup leur colonialisme. Aujourd'hui la cause est sans équivoque, sublime. Il s'agit bel et bien de sauver l'humanité. » Êtes-vous persuadé que la pieuvre totalitaire est véritablement extirpée de notre humanité, êtes-vous persuadé que les fanatismes religieux ne viendront pas écraser nos propres libertés et pensez-vous qu'effectivement une lueur d'espoir subsiste ?

E. M. – Tout ce que je dis, c'est que les probables sont actuellement désastreux ou catastrophiques. Qu'est-ce que le probable ? C'est ce qui, pour un observateur donné dans un temps donné, peut être projeté dans le futur. Aujourd'hui, nous continuons la course folle, à la multiplication des bombes nucléaires, à la dégradation de l'environnement, à une économie non régulée qui va multiplier ses crises, au déchaînement des manichéismes et des fanatismes. Les probabilités sont épouvantables ! Mais il y a toujours une part d'improbable, dans l'histoire de l'humanité.

Dans mon livre, je donne l'exemple de la petite Athènes, cette petite bourgade qui, par deux fois, a résisté à un énorme empire, l'empire perse. Résultat ? Naissance de la philosophie et naissance de la démocratie ! J'ai moi-même vécu l'improbable parce qu'en décembre 1941, l'armée allemande nazie était aux portes de Moscou et le gouvernement soviétique avait fui dans l'Oural. Staline a cependant pu nommer Joukov comme général du front de Moscou et il a appris, grâce à son espion Sorge, que les Japonais n'attaqueraient pas la Sibérie. Par conséquent, il a fait transporter l'armée de Sibérie devant Moscou et l'armée de Hitler, congelée devant la capitale russe, a subi sa première défaite. Toute une série de facteurs inattendus et improbables sont donc survenus, permettant la première offensive victorieuse contre le nazisme de Joukov. Deux jours après, le Japon faisait basculer les États-Unis dans la guerre mondiale.

Je pense qu'aujourd'hui encore, il y a de l'improbable : ce sont toutes ces forces vitales qui jaillissent de partout, créatrices, ignorées des partis, les administrations, et qui, un jour, pourront se rassembler. Car, comme dit Hölderlin, là où croît le péril, croît aussi ce qui sauve. Comme, actuellement, la majorité de nos dirigeants restent aveuglés, ne croient qu'à cette croissance qui va dans le mur, quand le péril va devenir beaucoup plus évident, peut-être qu'il y aura ce sursaut, que naîtront ceux qui, aujourd'hui, ne peuvent pas s'exprimer, et qui diront non à cette situation. Ma foi est donc dans l'improbable, car finalement, l'improbable est arrivé dans ma vie, plusieurs fois, de façon salvatrice. Je ne désespère pas, mais je n'annonce pas la victoire de l'improbable. Je dis qu'il faut s'engager, de façon titanesque pour l'avenir de tout le genre humain.

L. A. – Vous êtes un grand savant qui n'a jamais séparé le plaisir sensuel, physique, du plaisir intellectuel. D'ailleurs, combien de temps avez-vous passé dans votre vie à danser ?

E. M. – Je n'ai pas quantifié, mais il y a des périodes où je dansais toutes les nuits, jusqu'au petit matin. J'aime être pris par la danse, notamment avec le rock. J'aime ces danses où l'on peut se libérer et se déchaîner. La répétition du rythme est quelque chose qui aide à se mettre dans un état second. Ce n'est pas un hasard si, dans la guerre, on utilise le tambour pour mettre en transe les soldats. Dans le chamanisme, dont je parle dans mon livre, un roulement monotone de tambour aide à se mettre dans cet état second. C'est la danse, dans le fond, qui nécessite de la musique et du rythme. Elle me met dans cet état particulier poétique qui fait partie de ce qu'il y a de meilleur dans la vie.

L. A. – Dans un texte qui s'intitule *Connaissance, Ignorance, Mystère*, en 2017 vous larguez les amarres. Vous y parlez beaucoup de la transe, qui a d'ailleurs beaucoup accompagné les débuts du jeune Edgar, qui commençait à faire ses classes scientifiques et travaillait avec Jean Rouch. La danse, la transe, l'extase, ne vous ont jamais quitté.

E. M. – Non. C'est quelque chose dont j'ai pris plus tard conscience, notamment lorsque j'ai compris que la vie était polarisée entre les états prosaïques et les états poétiques « Qui augmente la connaissance augmente son ignorance », disait Friedrich Schlegel. Les états prosaïques correspondent aux états qui nous ennuient, que l'on fait sans aucune passion, par contrainte souvent, par obligation. Les états poétiques sont ceux où nous nous dilatons, où nous communions. C'est l'amour, la fête, l'amitié. Cela peut être un match de football. C'est ce que nous donnent les belles œuvres d'art : la musique, la littérature. Je pense qu'on ne se préoccupe pas assez, notamment en sociologie et en politique, de ces états qui correspondent à la vraie vie. Les autres états sont de l'ordre de la survie. Mais le vrai problème est de vivre, de vivre vraiment et s'épanouir soi-même, mais toujours au sein d'une communauté et d'une communion. C'est ce que j'ai toujours recherché et souvent goûté.

L. A. – Dans cette communauté dans laquelle nous vivons, vous avez été l'un des premiers, en tant que scientifique et sociologue, à porter de l'intérêt à ce qui était considéré comme vulgaire et anodin. Vous avez par exemple été fortement marqué par les yéyés, lorsque vous travailliez à la revue *Communication*. C'est vous qui les avez ainsi nommés, inventés, découverts.

E. M. – J'ai inventé le mot, certes. Tout est né en 1963, avec cet événement qu'on appelait « La Nuit de la Nation », au cours de laquelle Europe n° 1 faisait une émission qui s'appelait *Salut les copains* avec les premiers orchestres rock dans lesquels jouait entre autres Johnny Hallyday. Cette émission a organisé une grande soirée place de la Nation et la fête, au lieu d'être uniquement une fête de joie, est devenue plus violente. Une partie des jeunes ont arraché les grilles des arbres, renversé des voitures. Face à ce phénomène incompréhensible, le rédacteur en chef du *Monde* m'a demandé si je pouvais essayer de décrypter ces événements. C'est alors que, rassemblant mes connaissances notamment des mouvements sociaux aux États-Unis, me référant au surgissement du cinéma des héros de l'adolescence comme James Dean ou Marlon Brando, j'ai pensé qu'il y avait une nouvelle classe adolescente qui surgissait avec ses uniformes, ses rites, son langage, etc. À l'époque, pour les sociologues, c'était incongru car la jeunesse n'existait pas en tant que catégorie sociologique. Je les ai appelés « yéyés » parce qu'ils reprenaient souvent l'expression « Oh yeah ». J'ai pu suivre ce phénomène juvénile jusqu'en Mai 1968.

J'ai écrit sur Mai 68 au moment même où cela se passait, à chaud. J'ai pris des risques intellectuels, les autres ayant attendu que l'événement soit passé. En même temps, j'ai retrouvé une jeunesse exaltante en Californie en 1969. Tout cela fait que je me suis senti régénéré, rafraîchi. J'adorais aller dans les park in, où des dizaines de milliers de jeunes, avec des orchestres et une sono extraordinaires, se réunissaient dans un climat de transe et d'exaltation. Ce sont des choses très intenses pour moi.

L. A. – À partir de votre séjour en Californie, vous avez, dans une alliance entre science et philosophie, introduit de nouveaux concepts dans le champ disciplinaire de la sociologie, de la philosophie, mais aussi une certaine méthodologie. Il y a également chez vous un côté hédoniste qui vous permet de vous intéresser passionnément à l'importance du cinéma. Vous avez aussi travaillé sur le mot « star ».

E. M. – Depuis l'âge de 10 ans, je suis un cinéphage, un dévoreur de films. Je suis devenu ensuite cinéphile, un sélectionneur. J'ai donc été marqué par des stars. J'ai voulu, dans *Les Stars*, en 1957 étudier la complexité de la star parce que la star n'est pas seulement une actrice. Elle fait l'objet d'un culte qui la rend presque demi-déesse. Mais elle est également une marchandise parce qu'on l'achète et on la vend dans les studios de Hollywood. Elle a donc plusieurs facettes : économique, esthétique, mythologique. J'ai voulu reconnaître tous ces aspects dans les stars qui rayonnaient dans le cinéma de l'époque de Hollywood. Mais, ce qui est intéressant, c'est qu'après que Hollywood a cessé d'avoir cette sorte de monopole de l'art cinématographique, les stars ont continué à naître et apparaître.

L. A. – Mais il n'y a plus de stars aujourd'hui.

E. M. – Si, il en reste quelques-unes aux États-Unis, comme Nicole Kidman ou Leonardo DiCaprio.

L. A. – Elles nous font moins rêver.

E. M. – C'est-à-dire qu'à l'époque, le cinéma était considéré comme un grand art. Tout le monde s'y rendait. Maintenant, il y a la télévision. Je pense cependant qu'il y a toujours des visages et des personnages fascinants, qui génèrent un attachement.

L. A. – Chaque fois, vous avez essayé de partager des utopies et dès lors que celles-ci ne coïncidaient plus avec la réalité, vous partiez. Sur ces départs, ces constats, vous avez écrit. Car chez vous, il y a une nécessité de dire ce qui vous arrive.

E. M. – Oui. Je dois dire que j'ai gardé les aspirations de mon adolescence mais j'en ai perdu les illusions. Quand je suis entré dans la foi communiste, nous étions en pleine guerre. J'étais très lucide sur les aspects négatifs qui avaient existé auparavant, mais j'espérais qu'adviendrait un monde nouveau. J'ai déchanté assez rapidement quand a commencé la guerre froide, les procès. Je m'en suis détaché même bien avant la Tchécoslovaquie, au moment du procès Rajk et de la révolte hongroise. J'ai éprouvé le besoin d'écrire le livre *Autocritique* pour me comprendre moi-même, pour comprendre pourquoi je m'étais converti à cette foi communiste – car il s'agissait bien d'une foi, quasi religieuse – et comment j'étais parvenu à me déconvertir. Grâce à cet examen, je me suis débarrassé de certaines attitudes manichéennes que je n'aurai jamais plus. Cela m'a conforté dans cette idée fondamentale pour moi qui consiste à reconnaître la complexité des choses, des gens, la complexité sociale. J'ai appris tout cela, à travers la réflexion sur mes erreurs.

L. A. – Il n'y a pas un monothéisme de la vérité ?

E. M. – Non, et je crois surtout qu'il peut y avoir des vérités contraires. C'est Pascal qui disait que le contraire d'une grande vérité, ce n'était pas une erreur mais une autre grande vérité. Cela n'est pas toujours le cas, même si ça l'est souvent. J'essaie donc d'assumer ces deux vérités contraires.

10

La beauté du monde

L. A. – Quand avez-vous pensé que l'apport de la science pour penser l'avenir du monde devenait une nécessité ? Est-ce votre séjour dans les universités américaines qui vous a fait basculer ?

E. M. – Tout d'abord, je dois dire que je me suis formé dans mon livre *L'Homme et la Mort* car pour traiter de l'attitude de l'homme face à la mort, j'ai dû puiser dans toutes les sciences, non seulement humaines mais aussi dans les sciences dures comme la biologie. J'ai donc compris que les grands problèmes ne pouvaient être traités qu'en puisant, en se cultivant dans les différentes disciplines, et en étant capable de rassembler leurs enseignements. Je me suis formé progressivement, et ai ainsi adopté cette méthode pour tenter de saisir la complexité des choses. C'est à l'époque où j'étais à la revue *Arguments*, que j'ai cofondée, que j'ai commencé à penser que nous étions dans une ère planétaire. C'était avant la mondialisation, qui a commencé avec la chute de l'Union soviétique dans les années 1990. Mais le problème de la mondialisation m'encourage à penser le problème de la planète, de l'unité, de la diversité humaine, des conflits humains, de notre avenir. Lorsqu'est survenue à Seattle une manifestation en 1999 des altermondialistes, je me suis dit qu'il se passait quelque chose d'important. Je me disais que nous allions certes vers des choses positives, mais aussi vers des périls énormes. Avec la dégradation de la biosphère, la multiplication des armes atomiques, la domination de la finance sur le monde, j'ai compris qu'on ne pouvait pas s'isoler dans l'Hexagone comme si nous étions seuls, car le monde est en nous autant que nous sommes dans le monde.

L. A. – Vous distinguez plusieurs stades dans l'admiration de la beauté de l'art : le stade esthétique, celui de l'émerveillement, celui de la transe, celui de l'empathie. Qu'éprouvez-vous devant une œuvre d'art et notamment la 9e de Beethoven ?

E. M. – Tout cela à la fois. La première fois que je l'ai écouté, j'ai été envahi d'un sentiment du sublime, qui m'a mis dans un véritable état de transe. Je devais avoir 13 ou 14 ans. Je venais à peine de découvrir la musique classique. Jusqu'alors, je me contentais d'écouter des chansonnettes. J'étais allé au concert Lamoureux salle Gaveau. Il y avait des places bon marché, debout. C'est là que j'ai vu Eugène Bigot diriger la *Neuvième Symphonie*. Les premières mesures faisaient émerger une sorte d'appel, d'abord très faible puis se renforçant, où j'ai senti de façon inouïe que c'était l'appel qui venait de tout mon être. Puis soudain vint la réponse, formidable de puissance comme une création cosmique. Cela m'a mis dans un état de transe. Mes cheveux se sont immédiatement dressés sur ma tête. Jamais je n'avais eu une émotion aussi puissante. J'ai de nouveau, avec les années, cette extraordinaire émotion. Cela me donne vraiment le sentiment du sublime. J'ai aussi ressenti cela dans la lecture, au même âge avec la découverte de *Crime et châtiment* de Dostoïevski, qui m'a foudroyé. J'étais très content de découvrir, lors de la préparation de mon ouvrage sur l'esthétique, qu'un écrivain japonais, dans une civilisation tellement lointaine et différente de la mienne, décrive dans les termes exactement identiques à ceux que j'aurais pu exprimer sa découverte de Dostoïevski.

Cela montre l'universalité de l'art. Les chefs-d'œuvre nous mettent dans un état extraordinaire. Je donnais l'exemple du quintette de Schubert, notamment le deuxième mouvement, où il exprime tout son malheur d'être malade, incompris, solitaire. Il nous fait partager cette douleur à travers le bonheur de la musique. C'est là la complexité de l'art qui parvient à nous donner du bonheur avec du malheur sans dissoudre le sentiment tragique du malheur, comme quand nous allons voir une tragédie de Sophocle. Dans le fond, ces grandes émotions nous permettent de contempler la condition et la tragédie humaine d'une façon que nous ne pouvons pas faire en temps ordinaire. T. S. Eliot disait que l'espèce humaine ne pouvait pas supporter trop de réalité. Nous fuyons les réalités les plus horribles. Mais quand les œuvres des plus grands nous les montrent, il nous faut les regarder en face et nous sommes capables alors de les assumer, car elles nous viennent dans la beauté d'un chef-d'œuvre.

L. A. – Vous êtes absorbé par la beauté et les tourments du monde. Vous dites des choses assez secrètes et mystérieuses. Vous vous interrogez sur le statut même de notre existence. En lisant les pages de *Connaissance,*

Ignorance, Mystère, la question suivante m'est venue : « existez-vous vraiment ? »

E. M. – D'une certaine façon, oui. D'une autre, je pense que nous sommes des somnambules. La machine de notre corps fonctionne sans que nous n'en ayons conscience. Nous sommes des machines, mais pas seulement. Ce côté machinal cependant m'échappe. Ce qui est extraordinaire, c'est que, tout en étant somnambules, nous avons conscience de ce corps. En Orient, comme en Occident, on s'est toujours posé la question de savoir en quoi consistait notre réalité. D'un côté, je sens que cette réalité est absolue, dans mes souffrances, dans mes joies, dans mes amours. D'un autre côté, je sens qu'elle est illusoire, qu'on est dans ce monde physique, matériel, qui dépend lui-même d'un monde micro-physique dépendant d'autres règles. Nous sommes des émergences, des moments. Dans le fond, on n'aura jamais la réponse à la question « Qu'est-ce que la réalité ? ». Nous savons simplement qu'il existe plusieurs niveaux de réalité différents. Il y a un niveau où, incontestablement, j'existe.

L. A. – Vous entremêlez de plus en plus l'analyse philosophique à l'analyse poétique et littéraire. Pour vous, la science est une longue lutte contre le géocentrisme et l'anthropomorphisme. La Terre n'est pas au centre du système solaire, puisque c'est le Soleil qui occupe cette place. Nous sommes sur un bord, en périphérie. La galaxie n'est pas au centre de l'univers, car l'univers n'a ni centre, ni bord. Michel Cassé, l'astrophysicien, dit de vous que vous êtes le « champion, le champagne, le champolivon et le champignon du plurivers, le Copernic de l'animal ». Qu'en pensez-vous ?

E. M. – Michel Cassé est un grand poète en même temps qu'un grand scientifique. La plupart des astrophysiciens, comme Hubert Reeves, ne peuvent pas ne pas être animés d'un sentiment poétique face à l'univers. Certains n'en voient que les beautés, que l'ordre, comme une sorte de merveille de sagesse. Personnellement, je vois bien ces aspects, mais je vois aussi le désordre, le chaos, les destructions, les étoiles qui explosent, la tendance vers la mort. Je vois que cet univers est à la fois merveilleux et tragique. Je communique beaucoup avec Michel Cassé car il nous renvoie sans arrêt à ce mystère qui m'occupe : nous avons besoin de connaissances, car elles nous éclairent et nous conduisent vers des ténèbres, tout en les éclairant, vers un grand mystère, vers de l'inexplicable. Michel Cassé dit qu'il y a des univers qui, sans arrêt, à l'image de bulles de champagne, s'enflent. Ce phénomène est absolument incompréhensible et mystérieux, mais dans le fond, la connaissance doit faire un bon voisinage avec le mystère, car dans le mystère, il y a toujours quelque chose de poétique et bouleversant.

L. A. – Vous abordez le posthumanisme. Craignez-vous ce règne où les hommes seront écartés au profit des machines ? Craignez-vous ce moment de notre humanité où les hommes vont pouvoir accéder à une tentative, à une réussite d'immortalité ?

E. M. – Je dis que d'une part, l'immortalité est une illusion, un mythe. Je pense que sincèrement, nous pourrons prolonger la vie humaine dans un état de santé excellent. Ni les virus, ni les bactéries ne seront réduits cependant,

car ils se multiplient, évoluent. Nous ne pouvons pas éliminer les accidents, qui continueront de se propager dans un monde de plus en plus technologique. Nous ne pourrons pas éliminer la mort de notre Soleil. Aussi, l'humanité aura peut-être un nouveau rapport avec la mort, mais elle ne la chassera pas. La mort sera ainsi peut-être encore plus terrible. Il y aura l'angoisse de l'accident, de l'attentat, de la scène de ménage…
L'immortalité n'existe pas, mais la prolongation de la vie, si. Elle va poser des problèmes de grande ampleur. Ce qui m'inquiète, c'est que tous ces progrès sont menés selon un rêve qui est celui de la rationalisation et de l'algorithmisation de l'existence. Cela se traduit par exemple dans l'évolution vers des enfants entièrement déterminés grâce aux modifications génétiques. Nous pourrons avoir des enfants à la carte. Malheureusement, ce seront alors des enfants standardisés, car le génie et l'invention de l'humanité proviennent toujours de ce qui est déviant, pas normal.

Mais je pense qu'en tout état de cause, nous ne pourrons jamais complètement standardiser l'humain. Le posthumanisme est un effort pour rationaliser et contrôler la vie tout en augmentant les pouvoirs techniques qui ont conduit aux désastres écologiques. Quand nous regardons l'univers, celui-ci ne peut pas être algorithmisé. Nous ignorons comment il est né et personne ne pourra jamais déterminer cette naissance algorithmiquement. La vie est née de manière imprévisible dans le plus grand des chaos ! Des extraterrestres qui seraient arrivés sur cette planète quelques millions d'années auparavant verraient ainsi des bipèdes dans la savane, la forêt, manipulant des outils grossiers. Jamais ils ne pourraient prévoir que de tout cela pourrait naître Michel-Ange, Beethoven ou Einstein. Nul n'aurait pu prédire, avec les moyens les plus merveilleux de la mathématique, Bouddha, Jésus, Mahomet. Le posthumanisme est donc un rêve. Concernant les robots, je pense que les machines intelligentes pourront de plus en plus faire des travaux pénibles et ennuyeux.

L. A. – Ils ne font pas que des travaux pénibles ! Il y a aussi par exemple des femmes robots qui, au Japon, font l'amour.

E. M. – Oui, mais je doute que les Japonais considèrent ces robots comme la meilleure solution. Cela reste un pis-aller. Un philosophe japonais disait d'ailleurs que nous ne devons pas avoir peur que les robots nous dominent, car c'est nous qui allons devenir des robots dans une perspective transhumaniste. Il y a une erreur profonde dans l'expression « homme augmenté », expression qui est quantitative. « Toujours plus », disait François de Closets. On croit que le calcul comprend tout et connaît tout alors qu'il ne connaît qu'une surface de nous-même. Nous sommes dans un univers où c'est la quantité qui est considérée comme la donnée la plus importante, pas la qualité de la vie. Il ne s'agit pas seulement d'augmenter la qualité de la vie, d'augmenter nos pouvoirs, mais surtout d'augmenter nos qualités d'êtres humains. Il faut que nous devenions meilleurs, plus doux, plus compréhensifs, pour parvenir à un homme bonifié.

L. A. – Nous ne nous dirigeons malheureusement pas vers une civilisation de douceur à l'heure actuelle.

E. M. – Non seulement nous ne nous dirigeons pas vers cela, mais, plus il y a de progrès scientifiques et économiques, plus nous vivons une régression morale, éthique et psychologique. C'est ce que nous vivons actuellement. C'est pourquoi il faut être inquiet face à cette idée d'homme augmenté. L'avenir n'est pas seulement dans cette possibilité, mais aussi dans les potentielles catastrophes écologiques, financières ou résultat du fanatisme et de la folie humaine qui nous guettent.

L. A. – Comment expliquez-vous que, dans les soixante dernières années de notre humanité, les hommes ont si peu prêté d'intérêt et d'attention à notre mère Nature ? Comment expliquez-vous cet attentat contre nous ? Les civilisations humaines sont-elles, comme le disait Paul Valéry, mortelles ?

E. M. – Elles sont évidemment mortelles. Cependant, ce dont vous parlez est propre à notre civilisation occidentale. La mission que se donne la civilisation occidentale est alors d'être la maîtresse de l'univers, la maîtresse du monde, jusqu'à Marx. Il a fallu qu'on commence à comprendre, dans les années 1970 avec le rapport Meadows, que notre terre est en train de se dégrader de façon irrésistible. Ce n'est pas seulement en prenant conscience des effets des énergies sales, des déchets, de la pollution des mers et des villes, de l'impact l'agriculture industrielle sur l'alimentation, que nous sortirons de cette crise. Il faut que nous prenions conscience de notre relation à la nature. Seuls les poètes avaient maintenu cette relation jusqu'à présent. Les Indiens des Andes avaient par exemple le culte de la Pachamama, le culte de la Terre-Mère. Beaucoup de civilisations avaient ce rapport quasi ombilical avec le monde naturel, que nous avons désormais perdu. Le problème est d'arriver à restaurer ce lien avant la catastrophe.

L. A. – Vous en appelez à une politique de civilisation. Vous observez les discours politiques de manière un peu entomologique, vous n'y croyez plus guère.

E. M. – Vous y croyez, vous, à ce qui se raconte ? Je vais vous dire quelque chose que j'ai dit à plusieurs reprises, encore récemment à propos de la déroute socialiste aux dernières élections. L'erreur du Parti socialiste, c'est qu'une fois qu'il s'est effondré, qu'il n'a plus son essence anticapitaliste, le socialisme ne fait plus rien. Il fait de l'économisme, à la remorque de l'économie, comme tous les autres partis. Or, nous avons un gigantesque problème de civilisation, qui est causé, non seulement par le capitalisme, mais surtout par le fait qu'il y a une conjonction entre le développement de la technique, de l'industrie et de la science qui produit une série de maux de civilisation, dont quelques-uns sont recensés par exemple sur le plan écologique. D'autres ne sont pas recensés comme l'atomisation des individus, la perte des solidarités, l'hyperbureaucratisation. Je dis qu'il faut faire un projet contre ces maux de civilisation. Il y a des tâches gigantesques. Ce qui me désole, c'est de voir que le candidat socialiste ne s'intéresse même pas à cela. Que les autres ne s'y intéressent pas, je le comprends. Je suis loin d'être un sceptique, puisque j'ai encore fait récemment un entretien sur cette politique de civilisation. Je dis qu'il faut faire un grand projet. J'ai écrit en 1993 *Terre-patrie*, où je continue, à ma façon, d'assumer un héritage humaniste profond mais pas l'humanisme abstrait, du citoyen du monde sans racines, etc. J'ai des tristesses, des mélancolies, des deuils, mais aussi j'ai des moments de joie. Des lecteurs me reprochent par exemple mon goût des contrepèteries. Eh bien oui, j'aime les contrepèteries. J'assume.

L. A. – Vous êtes un homme de la nature. Quand il fait gris, vous ne vous sentez pas bien, mais quand le printemps surgit, vous vous sentez plus gai.

E. M. – Je suis écologiquement sensible, c'est très vrai, cosmiquement sensible ! Je suis un microcosme comme chacun d'entre nous. J'ai beaucoup de curiosités, je ne les ai pas atrophiées. On me le reproche.

L. A. – Qui vous le reproche ?

E. M. – Des tas de gens, vous savez [rires]. Les spécialistes me reprochent d'être un touche-à-tout, de m'intéresser à tout. Comme a dit Nietzsche, « tu périras par tes vertus ». C'est ce qui cause mon malheur mais qui en même temps fait ma nature. Donc j'ai continué à être curieux de mille choses, à aimer. Ce désenchantement est là, non pas comme désenchantement mais comme angoisse dans une époque où nous ne savons pas quelle bifurcation va prendre l'histoire. Je reviens sur ce thème de Furet : il y a des moments où l'histoire hésite. On ne sait pas quel chemin elle va prendre. Je pense que nous sommes dans ces années-là. Cette année est Sisyphe parce que tous nos espoirs sont retombés par terre, et mon programme de vie aussi.

11

Penser l'unité de la science

L. A. – Les sciences ne cessent de progresser, apportant les bienfaits pour l'humanité – on le voit bien en termes de santé. Que pouvons-nous en attendre ?

E. M. – Je dirais que la science est une aventure inconnue, comme toute aventure dont on ne sait pas quels seront les résultats dans dix ans. Il est évident qu'elle a apporté des connaissances prodigieuses, des élucidations fantastiques. Elle a aussi développé des pouvoirs terrifiants. Il ne faut pas juger la science, mais voir qu'elle est ambivalente. Il est certain qu'il y a des incertitudes. Moi, je crois qu'en plus, elle est en métamorphose profonde, en transformation, sur ses principes, sur ses règles, sur ses méthodes. Tout ce qui semblait être, disons, des évidences de la science aux siècles passés, comme le principe général du déterminisme, la nécessité de séparer les objets de connaissance, l'hyperspécialisation, en quelque sorte, tout cela est aujourd'hui remis en question.

Pas seulement aujourd'hui : cela a commencé par la physique avec la mécanique quantique au début du siècle. Aujourd'hui, l'enjeu, c'est créer des sciences plurielles, qui rassemblent les disciplines, comme les sciences de la terre, comme l'écologie. On peut même dire que la cosmologie réunit l'astronomie d'observation avec des résultats de microphysique. À mon avis, la science a toujours été un chantier tumultueux, mais là, actuellement, elle est en bouillonnement, en transformation. Je pense que l'aventure est très intéressante.

Mais il y a des problèmes profonds qui sont posés par la science actuelle. Tout d'abord, le problème de la cité, je dirais même de la politique, des citoyens, car la politique, cela n'a de sens que si c'est fait par les citoyens et pas uniquement par les gouvernements. Il est certain que la science est trop parcellaire, trop ésotérique, trop inintelligible pour que les citoyens puissent évidemment la comprendre et la connaître. Et finalement, les décisions politiques importantes sont de plus en plus réservées à des comités d'experts en vase clos qui ne bénéficient même pas de l'extralucidité parce qu'eux ne peuvent contrôler que leurs domaines. Ils sont incapables de relier. La nécessité de relier les savoirs est indispensable. D'ailleurs, je remarque que depuis certains penseurs comme Isabelle Stengers ou Jacques Monod qui divulguaient leurs connaissances, on voit des gens de science divulguer, non pas vulgariser, mais enlever le côté ésotérique pour exprimer leurs idées, pour que les honnêtes gens, les citoyens, les gens cultivés puissent les lire. Mais évidemment, c'est un premier pas et c'est quelque chose de plus profond qui devrait être fait. D'ailleurs, au CNRS, je m'occupe d'un comité, « Sciences et citoyen », justement, dont le but est d'essayer de frayer quelques voies dans ce sens.

L. A. – Le savoir a été confisqué par des experts, réfugiés dans des laboratoires, qui, de temps en temps, nous bombardaient, dans tous les sens du terme, de leurs nouveaux savoirs. Les scientifiques vont-ils nous permettre de mieux comprendre le monde ?

E. M. – Les scientifiques font partie d'une sorte d'aventure, de machinerie. Je crois que, relativement à la question de comprendre le monde, ou de se comprendre soi-même, la question reste ouverte. Le philosophe Edmund Husserl, dans les années 1930, dans un texte qui s'appelle *La Crise des sciences européennes et la phénoménologie transcendantale*, avait dit qu'il existait un trou noir béant au cœur de la science. La science n'a pas conscience de ce qu'elle fait. Elle avance pour le mieux, pour le meilleur et pour le pire aussi. Parce que tous les maux qui menacent l'humanité globalement aujourd'hui n'auraient pas été possibles sans les développements de ce qu'on peut appeler la technoscience, cette alliance science-technique qui s'est faite au cours de ce siècle : la dégradation de la biosphère ou bien l'utilisation de l'arme atomique et maintenant la manipulation éventuelle de la génétique. Cela ne doit pas masquer les bienfaits considérables que peut apporter la science, d'autant plus que je pense que la science se métamorphose dans le sens d'une capacité de compréhension plus grande et d'une capacité de dépassement du cloisonnement disciplinaire.

Donc, je suis optimiste de ce point de vue-là, mais je voudrais faire remarquer les limites de la croissance, la prise de conscience des limites de la croissance, telle qu'on l'entend aujourd'hui, en termes énergétiques ou de développement de ces gigantesques mégavilles comme il en existe partout dans le monde, en Chine, au Japon, ou au Mexique. Les limites de la croissance sont désormais conscientisées par des citoyens, grâce notamment à la science écologique. C'est une conquête très importante qui, aujourd'hui, a fait l'objet de débats politiques comme la conférence de Rio, mais qui ne sont pas tranchés. Cela nous pose un problème, pas seulement quantitatif, mais aussi qualitatif. Est-ce qu'on peut chercher à vivre mieux tout en consommant moins ? Il y a toute une série de problèmes politiques et sociaux profonds qui doivent être immanquablement posés.

Ce qui est intéressant, c'est que la démocratie, c'est le débat, c'est la contradiction, c'est l'opposition des idées. À partir de cette opposition, à tort ou à raison, le citoyen se fait une idée. Peut-être que les citoyens vont se tromper, mais au moins, ils se seront manifestés. Mais aujourd'hui, de plus en plus, la démocratie va vers l'extinction des idées et de leurs controverses. Espérons, agissons, justement dans le sens de démocratiser le débat, y compris sur tous les grands problèmes scientifiques qui sont liés aux problèmes politiques et sociaux.

L. A. – On voit des conséquences concrètes de la science au XXe siècle : Hiroshima, les manipulations génétiques, les puissances mondiales qui continuent à s'entre-déchirer. Est-ce que la science sera garante de la paix ou continuera-t-elle à armer le pire dans une évolution de l'humanité qui peut être effroyable, grâce aux scientifiques ou à cause d'eux ?

E. M. – C'est une question à laquelle il n'y a pas de réponse, et il ne faut pas en donner. C'est une grande conquête que d'avoir perdu l'illusion d'un progrès marchant sur des rails, on voit que si on suit les rails, le pire est à venir. Acquérir cette ignorance du futur, c'est une conquête de l'esprit parce que cela nous incite à la vigilance. Il nous faut prendre conscience qu'aujourd'hui, le problème planétaire, ce n'est pas seulement la science. C'est la technique, c'est la démographie, ce sont les États nationaux, c'est le retour de l'ancienne barbarie, avec une barbarie moderne qui est anonyme, glacée, le profit déchaîné. Aujourd'hui, nous avons affaire à tellement de barbaries liées les unes aux autres que les forces de civilisation sont encore très démunies, ne sont pas reliées entre elles, ne prennent pas conscience de ces problèmes. Notre problème aujourd'hui, c'est de prendre conscience des problèmes fondamentaux. On ne peut rien dire au-delà. Perdre un méchant futur, c'est plutôt perdre un futur portant une promesse illusoire. C'est une conquête de la pensée. Beaucoup des grandes conquêtes de ce siècle ont été des découvertes des limites : limites de la croissance, limites de la raison, limites dans tous les domaines. Cela ne veut pas dire qu'on est enfermés dans une ignorance crasse mais que, conscients de ces limites, nous pouvons aller dans un nouveau type de connaissances, faire part de l'inconnaissable et du mystère.

L. A. – Quand vous est venue l'idée de la nécessité de penser l'unité du savoir, ce que vous avez nommé la méthode ?

E. M. – […] J'étais invité à l'institut Salk de Recherche Biologique, un institut de recherche très important, dont faisait partie Jacques Monod, qui était un ami. L'institut voulait quelqu'un qui ne soit pas biologiste, qui soit dans les sciences humaines et qui réfléchisse à cette discipline. C'est là-bas que m'est venue l'idée de la méthode. Cela m'a permis de plonger dans les problèmes de la biologie. Par d'autres connexions que j'avais, je découvrais des choses qui m'étaient inconnues comme la théorie des systèmes et toute une série de pensées, comme celles de Gregory Bateson, Heinz von Foerster. Mon projet a pris le nom de *méthode*, mais ce que j'ai fait ressemble de moins en moins à une méthode, au sens cartésien, qui doit être quelque chose de court. Au contraire, ici, c'est une gestation longue. C'est une recherche de méthode, mais celle-ci se fait avec des exigences qui permettent, en cours de travail, d'élaborer à tâtons les premiers éléments de méthode.

C'est une méthode dont nous avons besoin pour bien conduire notre esprit dans les sciences car aujourd'hui, celles-ci sont parcellarisées, atomisées, ésotériques. On ne comprend pas leur langage, on a peur et on ne réfléchit pas là-dessus. Quel est alors le sort de ce savoir qui n'est plus fait pour être partagé ? Aux XVIIe, XVIIIe et XIXe siècles, le savoir était en effet conçu pour être partagé à d'autres, moyennant bien entendu un effort. Une connaissance prédigérée n'existe pas en effet.

Désormais, on nous demande d'être contents de ne pas savoir, de n'avoir aucune connaissance autre que particulière sur un domaine précis. On condamne les gens à avoir donc des idées générales et absolument creuses. Il est impossible en effet d'arracher ces idées générales. On ne peut pas assimiler une encyclopédie en quinze volumes. Il existe cependant des noyaux de pensée, des problèmes centraux, sur lesquels il est possible de réfléchir. Ce que je tente de faire, c'est de voir comment un esprit moyennement doué comme le mien peut réfléchir, au risque de se tromper.

Je dirais que nous sommes aujourd'hui dans le besoin d'une méthode qui nous aiderait à penser par nous-mêmes. Nous en avons besoin plus que d'une idéologie, d'une philosophie qu'on trouve sur le marché. Il nous faut donc une méthode, mais pas qui soit extérieure, qui penserait pour nous, car elle simplifierait alors la réalité. Au contraire, il faut une méthode qui nous aide à penser toutes les dimensions sans avoir à en exclure une pour en comprendre une autre. Certaines idéologies ou philosophies oublient par exemple que nous sommes des individus. En microphysique, il y a depuis les origines le même paradoxe dans la méthode utilisée face à des particules qui, tantôt se comportent comme une onde, comme quelque chose de continu, tantôt comme un corpuscule, discontinu. En biologie, ainsi, soit on voit la continuité, c'est-à-dire pour l'homme, dans les générations, les espèces, la reproduction, soit on voit la discontinuité, c'est-à-dire les individus. Mon but, c'est de penser les deux à la fois.

L. A. – Ce que vous voulez faire, c'est de la vulgarisation ? La science, les sciences, toutes les sciences pour les nuls ?

E. M. – Ce que je fais n'est pas un manuel, ni une grille, car ce serait trop facile : il suffirait de l'appliquer. Je ne cherche pas à faire quelque chose qui puisse s'appliquer, mais, au contraire, qui aide à voir. Si je prends des exemples de méthodes bien connues comme la méthode de Marx, c'est avant tout une attention à des choses qui n'avaient pas été observées auparavant. Marx souligne qu'une société qui semble harmonieuse est en réalité scindée en classes, qui sont antagonistes. Quelqu'un qui aurait cette méthode marxiste, en se rendant dans une société, se poserait ainsi les questions suivantes : où sont les classes ? Quels sont les conflits ? Quels sont les problèmes ? Quels sont les rapports de production ? Mais la méthode que j'essaie d'élaborer consisterait plutôt à se demander comment faire pour ne pas perdre les autres dimensions au profit d'une seule, qu'elle soit abstraite, formelle ou quantitative. La question pour moi est celle-ci : les données obtenues grâce aux sciences biologiques, actuellement en plein essor, sont de plus en plus nombreuses. À partir de ces données sont élaborées toute une série de théories scientifiques. Comment réfléchir sur ces données et ces théories ? Y a-t-il une façon de les penser sur le plan de l'organisation vivante de manière plus riche, en tenant compte de la complexité ? C'est le pari que je fais. Je me jette à l'eau en quelque sorte sous les ricanements des autres.

L. A. – Quels ricanements ?

E. M. – Les ricanements de ceux qui me pensent fou, qui disent que je ne suis pas compétent, qui ne comprennent pas pourquoi je vais vers ces problèmes biologiques.

L. A. – Les ricanements des scientifiques ou de vos amis ?

E. M. – Des deux, parmi ceux qui me connaissent comme parmi les milieux scientifiques. Heureusement tout cela n'est pas homogène. Heureusement, j'ai des défenseurs, une minorité de supporters dans quelques milieux scientifiques.

L. A. – Votre œuvre, qui comprend plus d'une centaine d'ouvrages, est si abondante qu'il a fallu la découper en plusieurs thématiques. Il y a *La Méthode*, la Pensée complexe, la trinité humaine, la tétralogie pédagogique, *L'Ère planétaire*, le Temps présent, *La Voix*, la pensée politique, les journaux, les colloques, le site internet – car il y a un Centre Edgar-Morin. Ma question sera très simple : que veut dire penser ?

E. M. – Penser veut dire essayer de prendre ce que l'on sait et de le considérer d'une façon nouvelle, c'est-à-dire de ne pas considérer comme acquis ce sur quoi on a déjà cru avoir la bonne connaissance. Penser ne signifie aussi pas seulement le fait de savoir que nous sommes dans un monde dont nous avons des éléments de connaissance, mais le fait de réfléchir sur notre destin et sur notre destination. Nous savons désormais que nous sommes sur une petite planète dans une galaxie elle-même périphérique dans un univers qui n'a pas de centre, absolument gigantesque, qu'il y a peut-être d'autres univers, que tout cela a une histoire vieille de plus de 14 milliards d'années. Il faut donc essayer de penser notre situation dans le monde, la société dans laquelle nous vivons et l'histoire dont nous sommes issus. La différence entre la connaissance et la pensée, c'est que la connaissance consiste à articuler un certain nombre de données et d'informations, dans un tout cohérent, qui concerne l'objet qu'elle vise. La pensée est quelque chose de plus profond. Elle utilise et réorganise les connaissances pour essayer de voir au plus profond de soi.

Au fond, la pensée de toutes les pensées, c'est celle qui consiste à se penser soi-même, à penser ce que nous faisons, à prendre conscience que nous sommes des sujets particuliers et personnels, que nous risquons sans cesse de nous tromper, d'avoir des illusions, d'avoir une connaissance seulement partielle ou incomplète. Étant donné que toute connaissance est une traduction de la réalité, une reconstruction, à commencer par la perception visuelle, comme il y a une traduction et construction, il y a risque d'erreur. Les Italiens utilisent bien la même racine pour *traduttore* et *traditore*. Même dans la vision nous pouvons donc nous tromper. On peut se tromper dans la théorie, la conception religieuse. Nous sommes des êtres condamnés à errer à travers les pièges de l'illusion et de la connaissance incomplète. Penser, c'est penser notre condition humaine, que nous sommes faillibles, d'en éviter tous les pièges. C'est l'activité la plus importante de l'esprit car elle demande un travail incessant. La vache rumine d'un estomac à l'autre, et la pensée rumine une idée non pas d'un estomac à l'autre, mais en tentant de la retourner dans tous ses états, de la considérer, de l'interroger, de réfléchir. La pensée est toujours quelque chose d'interrogatif. Mais, comme l'interrogation pose des problèmes, il faut tout un travail pour essayer de répondre à cette interrogation, qui consiste à utiliser la connaissance pour la pensée.

L. A. – Je crois que vous êtes un peu comme Gaston Bachelard, qui a beaucoup compté pour vous, puisque vous avez suivi ses cours, et qui disait qu'il savait tout faire, en particulier la cuisine. Il racontait qu'on ne pouvait pas lui refiler un morceau de l'entame quand il allait chez le boucher ; qu'il savait toujours choisir les meilleurs produits. J'ajoute, d'ailleurs, que vous êtes, comme lui, un excellent cuisinier.

E. M. – C'était extraordinaire de voir l'homme Bachelard, dont j'ai suivi les cours sous l'Occupation. Il avait une barbe encore plus fournie que celle de Karl Marx. Il parlait avec beaucoup d'élan, de gestes, de chaleur. Il nous fascinait, il était très charismatique. C'était mieux qu'un grand acteur. Tout ce qu'il nous disait avait un sens très beau et très profond. J'avais lu plusieurs de ses textes, et ils étaient tous d'une qualité poétique merveilleuse. C'est plus tard que j'ai découvert ses réflexions sur la science et que j'ai compris que c'est lui qui avait découvert l'importance de la complexité, car il avait écrit que « rien n'est simple, il n'y a que du simplifié ». Il y avait chez lui une perspicacité géniale. Je crois que lui et Karl Popper sont les deux grands philosophes des sciences. Ce sont non seulement des précurseurs mais des auteurs avec des pensées très actuelles. Bachelard était un homme merveilleux parce qu'il ne suscitait pas seulement l'admiration, mais une véritable tendresse.

L. A. – Vous aussi, vous savez susciter une grande tendresse. Dans certains de vos ouvrages, notamment quand vous parlez de votre père, vous n'hésitez pas, en tant qu'intellectuel, à nous livrer cette part d'intimité, car vous pensez que cela fait partie du socle de la compréhension de la fonction d'intellectuel.

E. M. – Il y a de cela, mais en cc qui concerne mon père, j'ai voulu d'abord dans *Vidal et les siens* lui faire un hommage. Je n'ai pas voulu écrire un texte obséquieux, mais montrer aussi ses côtés risibles, puérils. J'ai voulu le restituer tel qu'il était. C'était un homme qui, dans les dernières années de sa vie, a été incompris, par son épouse, qui le rudoyait, par les enfants de sa femme, qui était ma tante. J'ai voulu lui donner quelque chose, lui faire un tombeau. Par ailleurs, parler de mon père, c'est parler de moi. J'ai trouvé cette façon de parler de moi en tentant de m'objectiver, en disant « le fils ». Je n'ai pas voulu dire « je ». Le vrai « je » du livre, c'est mon père. Bien entendu, il y a des tranches de ma vie qui sont racontées, tout comme dans d'autres livres. Je n'ai jamais fait une autobiographie continue, mais ai donné des bouts de ma vie. Pourquoi ? Parce que finalement, ma vie est inséparable de mon œuvre. Si je prends par exemple le premier grand événement de ma vie, la mort de ma mère, si celle-ci n'était pas arrivée, je ne me serais jamais interrogé sur l'absurdité de la vie, je n'aurais pas tellement cherché la vérité, je n'aurais pas eu ce tel besoin d'amour qui fait que j'ai vécu tant de malheurs et aussi l'épanouissement de l'amour. Nous avons parlé précédemment de la Résistance. Ce fut une expérience décisive pour moi, car je m'y suis formé. Je dirais même que l'expérience au Parti communiste fut comme vivre une expérience religieuse sans savoir qu'elle est religieuse. Je croyais que c'était rationnel. Quand j'ai écrit *Autocritique*, cela m'a permis de me libérer de beaucoup d'attitudes.

Ce qui me différencie de beaucoup d'anciens communistes qui disent avoir été trompés, c'est que j'affirme que je me suis moi-même trompé. Je n'accuse pas les autres mais considère que c'est moi-même, de mon propre chef, qui me suis autoconverti au communisme. C'était intéressant pour moi de comprendre de quelle façon moi qui, au départ, étais tout à fait antistalinien, je me suis converti à cette religion terrestre, mais aussi, de quelle façon difficile je me suis déconverti, à la suite de nombreux événements. C'était très difficile de quitter quelque chose qui était une famille. Il y avait une sorte de fraternité spontanée. En 1948, je ne reprends pas ma carte du Parti. Je n'ose cependant pas le dire. Les personnes qui sont dans ma cellule de travail, au centre d'études sociologiques, pensent que je milite à mon domicile, et les communistes de mon domicile pensent que je milite à ma cellule de travail. Pendant trois ans, je n'ai donc pas repris ma carte sans oser en parler. Aussi, quand on a décidé de m'exclure, au lieu de dire que ce n'était pas la peine de m'exclure, vu que j'étais déjà en dehors du Parti, j'ai demandé au bureau de réfléchir sur sa décision. Cet événement de l'exclusion a été pour moi un choc. J'en ai pleuré la nuit, mais au matin, j'étais libéré. Je pense que l'expérience de l'intérieur de ce monde ne peut pas se comprendre quand on est à l'extérieur. J'ai donc essayé de le transmettre.

12

Le citoyen du monde

L. A. – Vous écrivez dans un de vos livres : « Fils d'immigré, c'est à l'école et à travers l'histoire de France que s'est effectué en moi un processus d'identification mentale. Je me suis identifié à la personne France, j'ai souffert de ses souffrances historiques, j'ai joui de ses victoires, j'ai adoré ses héros, j'ai assimilé cette substance qui me permettait d'être en elle, à elle, parce qu'elle intégrait à soi non seulement ce qui est divers et étranger, mais aussi ce qui est universel. » Vous vous revendiquez désormais comme un citoyen du monde. Vous sentez-vous toujours autant citoyen français ? Vous sentez-vous dans une double appartenance, à la fois à la citoyenneté du monde et à l'identité française ?

E. M. – Tout à fait. Je dirais même que c'est une multi-appartenance. Le substantif que j'utilise pour me définir est celui d'« être humain », et je ressens à la fois multi-appartenance et citoyenneté du monde.

L. A. – Qu'est-ce qu'un être humain ?

E. M. – Un être humain est un être qui a un certain nombre de caractères psychologiques qui lui permettent de comprendre les autres, de s'accoupler. Je fais donc partie de cette espèce humaine aux traits biens définis, et qui a en elle cette capacité affective extraordinaire se manifestant dans le sourire, les larmes, le rire, l'amour et la tendresse. Bien sûr, l'amour et la tendresse sont déjà en germe dans l'animal, mais c'est dans l'espèce humaine qu'ils s'épanouissent. Je suis donc un être humain. Par ailleurs, j'ai conscience qu'aujourd'hui, l'humanité, dans son ensemble, vit dans une communauté de destins, est confrontée aux mêmes périls vitaux et mortels. Dans mon livre *Terre-patrie*, j'ai cherché à penser cette communauté de destins.

Cela ne veut pas dire pour autant qu'appartenir à cette Terre patrie annule ma patrie et mes patries. Je suis français et je m'en suis d'ailleurs rendu compte quand j'étais à l'hôpital à New York, je disais au médecin sans arrêt que je voulais rentrer chez moi. Je suis aussi profondément méditerranéen car tous mes ascendants viennent d'Italie, d'Espagne, de Salonique. Je milite donc pour la Méditerranée. Par ailleurs, je suis juif, donc je fais partie du peuple maudit, non pas du peuple élu. Je suis également européen, parce que j'ai été nourri dans la culture de Tolstoï, de Shakespeare, de Goethe, de Kant.

Pour autant, malgré mon sentiment d'être européen et citoyen du monde, je pense que plus la mondialisation se développe et plus il faut renforcer le territoire, le local, le national. Je n'oppose pas la Nation à l'Europe. Je pense que l'Europe bureaucratique de Bruxelles a trop voulu homogénéiser les choses, alors qu'il faut reconnaître la diversité des pays. Je suis européen, français et pour moi, ce caractère concentrique des identités est à l'origine de la richesse de chacun. Je ne me sens pas limité, tout en sentant que j'ai des racines. Mes racines les plus anciennes sont cependant celles de l'*Homo sapiens*. Je suis donc à un moment de cette aventure humaine où mon aventure individuelle est inséparable de celle de l'univers.

L. A. – Cette expérience de la multi-identité ne s'alimente-t-elle pas dans vos diverses expériences politiques et militaires ? Par exemple, vous avez fait partie après la guerre des forces de Libération qui se sont rendues à Berlin. Vous avez raconté cette odyssée, ce voyage dans un livre qui s'intitule *Mes Berlin*. Ce moment-là a-t-il été déterminant dans la conception de votre croyance en l'Europe ? Vous vous êtes retrouvé dans cette ville de Berlin détruite, et vous avez compris qu'il existait bien un peuple allemand, de même qu'un peuple français, mais qu'il fallait construire quelque chose entre ces deux peuples.

E. M. – La germination de cette idée ne s'est pas faite aussi vite en réalité. J'ai cependant eu une situation originale pendant la Résistance, puisque non seulement j'aidais des antifascistes allemands et autrichiens, mais j'avais aussi pour adjoint un marin allemand de Hambourg qui avait fait la guerre d'Espagne. Tous les tracts que je faisais n'étaient donc pas antiallemands mais antinazis. J'ai toujours eu pour obsession de ne pas verser dans la dénonciation d'un peuple. J'ai ensuite écrit un article qui s'appelait « Notre collaboration » et qui est paru dans une des premières revues allemandes la *Weltbuhne*. J'y expliquais que nous voulions collaborer, mais pour la démocratie. Ce texte se trouve dans mon livre *Mes Berlin*.

L'expérience de Berlin était fascinante car je découvrais une ville entièrement en ruine, un centre-ville où j'étais seul, car personne ne faisait du tourisme. J'étais seul à visiter la chancellerie de Hitler, j'y ai même trouvé des papiers signés par Hitler que j'ai mis dans ma poche. Je voyais donc cette ville entièrement détruite. En revenant à Berlin, d'année en année, j'ai vu une ville commençant à se couper en deux, devenir deux villes, deux villes de deux civilisations opposées se juxtaposant, puis comment, avec la destruction du mur, la ville s'est de nouveau remétaphorsée. Jamais dans l'histoire on n'a pu voir une même ville se transformer ainsi, un même peuple se trouver séparé puis réuni.

Ma conscience européenne est cependant née en 1973, au moment où les monarchies arabes ont commencé un embargo sur le pétrole arrivant aux pays occidentaux. Je découvre alors – moi qui n'étais pas européen, mais universaliste et anticolonialiste, que l'Europe, qui a dominé le monde, n'est plus qu'une malheureuse vieille chose, dépendant d'une perfusion de pétrole. Je comprends alors que tout ce que je détestais dans l'Europe, c'était le colonialisme, qui était terminé, puisque la France, l'Angleterre, l'Allemagne, n'étaient plus des puissances coloniales. Aussi, je me suis rendu compte que l'Europe n'était plus cette puissance orgueilleuse qui avait dominé le monde, mais un ensemble ayant produit une culture très riche et qu'ont utilisé les peuples dominés, qui ont pris les principes des droits de l'homme et des peuples, l'humanisme merveilleux d'un Montaigne, ou d'un Montesquieu, que les Français jusqu'ici s'étaient réservés pour eux.

L'Europe a donc certes produit beaucoup de négatif comme je l'ai montré en 2019 dans *Culture et barbarie européennes*, mais aussi beaucoup de positif avec les droits de la femme et de l'enfant. Je deviens européen en comprenant qu'il faut dépasser les frontières des nations, s'unir dans le monde, sans nier pour autant les patries.

Pour moi, c'était une entreprise nécessaire pour en finir avec les guerres suicidaires comme la Seconde Guerre mondiale et proposer un nouveau modèle, dans ce monde tendant à la balkanisation. J'étais donc par exemple pour une union maghrébine, malheureusement les pays concernés ne parviennent pas à la réaliser. Néanmoins, en Amérique latine, je constate quelques efforts pour cette union. Je pense qu'il faut qu'on aille aujourd'hui vers des unions continentales comme celles-ci. Je suis devenu un fervent européen, j'ai d'abord écrit *Penser l'Europe*, puis, plus proche de nous, *Notre Europe. Décomposition ou métamorphose*, et crois toujours possible une citoyenneté européenne.

L. A. – Pensez-vous que nous allons vivre des révoltes populaires qui vont être éteintes par des pouvoirs étatiques, voire militaires ?

E. M. – Ce qui explique l'échec du Printemps arabe, c'est qu'une fois le dictateur abattu, les peuples se sont divisés, car il n'y avait pas une pensée directrice. Ce que j'essaie de montrer, à la fois dans mon livre *La Voie* et dans le livre que j'ai écrit avec Stéphane Hessel, *Le Chemin de l'espérance*, c'est qu'une nouvelle voie est possible. Mais je reste très isolé dans cette pensée, qui ne semble trouver de résonance que dans quelques pays d'Amérique latine. J'ai été frappé de voir qu'une petite république comme l'Équateur a tenté de créer un style démocratique nouveau, avec un humanisme profond. Si, à l'heure actuelle, des explosions se produisaient en France, il faudrait qu'elles aillent dans un bon sens, libérateur, car il existe aussi des explosions négatives. Dans tous les cas, pour l'instant, il manquera toujours à ces mouvements une pensée directrice. C'est ce qui s'est passé par exemple avec le mouvement des Indignés en Espagne, aux États-Unis, qui partaient d'idées magnifiques. Pourtant, les mouvements se sont décomposés parce qu'il n'y avait pas de véritable pensée. Pour moi, le problème essentiel, c'est de donner une pensée, une perspective, une voie, car nous sommes désarmés devant l'avenir. Je considère que nous sommes entrés dans une époque de régression généralisée, de crétinisation.

L. A. – Qu'entendez-vous par « crétinisation » ?

E. M. – Cela correspond à une façon de penser totalement inadéquate. J'ai vécu, adolescent, entre 1930 et 1940 la montée vers la guerre, voyant les gens agir comme des somnambules. Quand il y a eu Munich, les gens ont cru que c'était la paix, sans savoir que c'était une étape nouvelle vers la guerre. Je vois aujourd'hui émerger un nouveau somnambulisme, pas dans les mêmes circonstances, et parfois même un élément plus grave, car à l'époque, dans les années 1930, le Parti radical-socialiste était fort et important comme le Parti socialiste, permettant les fronts populaires. Malheureusement, le front populaire espagnol n'a pas survécu car nous avons laissé Hitler et Mussolini remporter en Espagne la guerre avec Franco. Néanmoins, même s'il a échoué, ce front populaire a résisté. Aujourd'hui, si survenaient encore de semblables événements, qui résisterait ? Quelles sont les forces qui résisteraient ? Je ne les vois pas. Je suis ainsi extrêmement inquiet, mais je ne suis pas fataliste. Je pense que l'imprévu arrive. Une de mes maximes est « Attends-toi à de l'inattendu ». Dans un entretien précédent, je vous avais dit qu'en 1941, il était absolument certain que l'Allemagne dominerait l'Europe. Il a suffi de deux victoires, une victoire russe et l'entrée des États-Unis dans la guerre, pour que tout change. Je continue de prêcher donc l'inattendu dans le désert, c'est-à-dire que je cherche à disperser mon message un peu partout comme les graines d'un arbre, espérant que quand un terrain est fertile, les graines y poussent. Je constate ainsi que mes idées s'implantent beaucoup mieux en Amérique latine.

L. A. – Vous y êtes d'ailleurs célébré ! Plus qu'en France…

E. M. – Cela me fait plaisir mais pour moi, ce qui compte, c'est que le message soit intégré dans la culture et que je puisse voir qu'il existe des forces vives. En France, j'ai l'impression de faire face à un immobilisme, à une sclérose totale, alors que là-bas on voit des mouvements de la société civile même dans des pays où la dictature sévit comme au Brésil avec Bolsonaro. Le mouvement des paysans sans terre a toujours une grande vigueur. Quand je suis allé en Équateur, j'ai été très satisfait de constater le mouvement de soutien au président Rafael Correa, inventeur d'un type de démocratie qui a régné pendant dix ans, hélas battu par le conservateur Lasso en 2021. Ils ne reçoivent pas ainsi seulement une éducation, mais on leur donne la possibilité de s'exprimer artistiquement à travers la musique et la peinture. Il y a cependant toujours des faits tragiques comme ces propriétaires terriens qui continuent de tuer des gens, et l'attrait de la dictature qui, en ce moment, gagne du terrain, mais d'autres donnent de l'élan et de la vie. L'humanisme européen a trouvé une terre fertile dans ces pays. En Bolivie par exemple, on voit pour la première fois le peuple indien accéder au pouvoir politique. Je vois donc un monde qui donne de l'espoir. Je pense que quelque chose peut aussi se réveiller chez nous. En France, par exemple, il existe des mouvements très positifs comme le Comité Roosevelt, qui propose une relance économique qui s'appuierait sur l'écologie, pour ne pas seulement changer les énergies, mais faire également régresser l'agriculture industrialisée.

L. A. – L'importance de l'écologie est-elle assez présente dans notre compréhension de ce que veut dire être citoyen ?

E. M. – Les partis, d'une part, ne comprennent pas encore l'ampleur du problème et se fixent sur des éléments sectoriels. D'autre part, ils ne comprennent pas que l'écologie se nourrit de pensées, par exemple celle de Serge Moscovici. Il ne s'agit pas seulement de changer notre attitude par rapport à la nature mais à l'égard de notre propre comportement, ce que Nicolas Hulot a compris. Parmi les forces de renouveau, il y a donc de grandes personnalités comme Pierre Rabhi, plus que des partis. Il y a également des mouvements comme celui des convivialistes, qui montre bien que notre société souffre d'anonymat, de la non-reconnaissance d'autrui, et milite pour la rétablir. On retrouve également le mouvement de l'économie circulaire, avec la récupération des déchets, avec cette idée qu'il faut cesser de produire des frigos et des voitures qui devront être remplacés dans dix ans. On voit donc qu'il existe tout un ensemble de mouvements, mais qui ne sont malheureusement pas coordonnés. Avec Patrick Viveret et Claude Alphandery, j'essaie de les relier, mais il y a des résistances d'ego.

Nous avons ainsi des forces vives en France, mais qui sont dans la société civile. Les partis politiques, les administrations les ignorent, tout comme la bureaucratie. Il faut se demander quel mouvement ira le plus vite : celui qui nous conduit à la dégradation et à la catastrophe, ou celui qui nous conduit à la régénération et à une nouvelle vie. Pour l'instant, c'est le premier qui semble prédominer, mais dans l'histoire il y a toujours des renversements. Je continue donc d'espérer, l'espoir n'étant pas du tout synonyme de certitude. Il comprend la notion de risque et de chance. Je crois toujours dans les ressources de l'humanité. Tout à l'heure, j'ai parlé de l'humanisme, et j'ai dit que je faisais partie de l'espèce humaine, mais cela signifie que je fais aussi partie plus généralement de l'aventure humaine, une aventure qui a commencé à la préhistoire, dans les petites sociétés de chasseurs-cueilleurs puis dans de grandes civilisations, désormais mortes et qui a accéléré avec les Temps modernes. C'est donc une aventure incroyable, inconnue, dont on ne peut savoir où elle nous mènera, mais dont je fais partie. Aussi, j'aimerais que nous cherchions à aller toujours vers le mieux, en sachant que nous n'aurons jamais une société parfaite et harmonieuse. J'ai également pour maxime que « le renoncement au meilleur des mondes n'est pas le renoncement à un monde meilleur ».

13

La menace du terrorisme*

L. A. – Sommes-nous dans une nouvelle guerre après la tragédie des attentats du 13 Novembre ?

E. M. – Avant de vous répondre, j'aimerais dire que j'ai ressenti un sentiment à la fois d'horreur, d'épouvante et de folie, mais aussi de soulagement, car ma petite-fille avait quitté un des cafés attaqués une demi-heure avant, et j'ai un petit-fils qui va souvent au Bataclan. Donc je fais partie de ces centaines de milliers de Parisiens qui ont connu non seulement l'émotion liée à l'attaque qui a touché leurs compatriotes, mais aussi cette émotion liée au fait que cette attaque est passée près d'eux, et pouvait toucher des êtres chers.

L. A. – Où étiez-vous et où l'avez-vous appris ?

E. M. – J'avais décidé de me coucher tôt, parce que j'allais partir pour un congrès d'enseignants en Italie. Je commence en me réveillant à trois heures à voir les nouvelles, d'abord celles du Stade de France. J'ai ensuite téléphoné à mes proches, comme tellement d'autres Parisiens.

* Entretien réalisé le 15 novembre 2015.

Nous partons en fait d'une situation qui est pourrie au Moyen-Orient, en Syrie, mais aussi en France. Qu'entends-je par « pourrie » ? C'est exactement le même qualificatif qui m'est venu à l'esprit face à la guerre d'Algérie. À partir du moment où était dépassé le stade où des négociations étaient encore possibles sans trop de dégâts, la guerre s'est radicalisée. Que s'est-il passé ? La France a risqué une dictature militaire dont on a été sauvés par chance par le génie politique de De Gaulle. L'Algérie en revanche n'a pas évité cette dictature qui dure encore. C'est exactement la même chose pour le conflit israëlo-palestinien : nous avons dépassé le stade où il est possible de trouver une solution honorable pour les deux côtés. Cela ne veut pas dire qu'il n'y a pas de solution, mais que c'est de plus en plus difficile d'en trouver une.

Or, en Syrie, deux types d'interventions se sont très vite dessinés dès lors qu'ont commencé les répressions de Bachar el-Assad : soit une intervention contre l'usage des armes chimiques, contre le dictateur, proposée par le président François Hollande, soit une intervention invitant à conjoindre les forces des puissances pour imposer un cessez-le-feu et empêcher la dégradation. Cette dégradation est cependant incroyable. Il ne s'agit pas seulement de rebelles démocrates, religieux, mais de rebelles étrangers, comme on le voit avec l'intervention par frappes interposées du Hezbollah, de l'Iran, de la France. On observe ainsi l'exacerbation du conflit qui dormait entre les chiites et les sunnites. Les Turcs également interviennent beaucoup plus contre les Kurdes que contre Daech. C'est dans ces conditions-là que les armes américaines qui ont été données aux Irakiens se sont retrouvées dans les mains de Daech. Ainsi, on arrive à une situation où surgit la force fanatique barbare la plus féroce de notre époque. Il faut tout faire pour que cessent les massacres. Comme, désormais, il y a beaucoup de grandes puissances impliquées entre la Russie ou les États-Unis, ces puissances doivent comprendre qu'il est de l'intérêt commun d'arrêter ces tueries, pour isoler la force la plus barbare. La Russie n'est certes pas un régime merveilleux, mais puisqu'on fait des coquetteries avec le dictateur chinois, on peut trouver également un accord avec le dictateur de la Russie.

L. A. – Vous êtes donc de ceux qui disent qu'il faut parler avec Bachar el-Assad et Poutine ?

E. M. – Il ne s'agit pas de parler. Le départ de Bachar el-Assad n'est pas le préalable à la sortie de cette situation. Il faut d'abord un cessez-le-feu. Je ne veux pas d'accord. Je suis pour que les puissances s'entendent et que le gouvernement de Bachar el-Assad s'arrête. Mais le vrai préalable à tout cela, c'est l'arrêt de ce brasier, de ce massacre, de cette source de folie, qui se trouve désormais aussi en France. Pour gagner la guerre contre Daech, il faut gagner la paix en Syrie. Il faut gagner la guerre contre les apprentis daechistes en France et la paix dans nos banlieues. Il s'agit certes d'un mouvement d'une minorité ultraradicale, mais je dois dire que je me suis toujours intéressé aux fanatiques qui deviennent terroristes, pour qui les autres ne sont que du bétail. Je me suis beaucoup intéressé à la mentalité des gens de la bande à Baader et aux Brigades rouges. Je me suis rendu compte que c'étaient des univers d'hallucinés.

L. A. – Mais s'agit-il vraiment de la même chose ?

E. M. – Non, mais il y a quand même un trait commun car tous les fanatiques sont convaincus d'être dans le pur, dans la vérité, dans la rédemption. Ces terrorismes sont bien sûr tout à fait différents, puisque, par exemple, dans le cas des Brigades rouges ou de la bande à Baader, la foi religieuse était sur terre, une idéologie, qui avait pris quasiment la forme d'une foi. Dans le cas du terrorisme de Daech, c'est un autre type de foi, qui surgit de l'islam, mais qui ne représente qu'une minorité.

Malheureusement, en France, nous avons laissé pourrir la situation des banlieues. Nous nous rendons compte que, malgré les événements de Clichy-sous-Bois, l'embrasement des banlieues de 2005, rien n'a été fait. En fait, ce qui doit être fait est très difficile, car il s'agit fondamentalement d'un problème d'éducation. Il faut réformer notre enseignement, enseigner aux enfants la complexité, ce que sont les religions, leur donner des pistes pour éviter de tomber dans l'erreur et l'illusion, les inciter à comprendre autrui.

Il y a une réforme en profondeur que nous n'avons pas encore commencée. Il y a beaucoup à faire et cela sera une affaire longue, difficile. Il ne s'agit cependant pas seulement d'une question d'éducation. Il faut que les relations entre ceux qui sont issus des minorités arabo-musulmanes et les autres Français ne se dégradent pas par un double rejet. Sur ce point, nous sommes cependant dans une très mauvaise situation, puisque nous constatons partout le progrès des idées régressives arabophobes et islamophobes. Nous voyons la décadence totale des idéaux universalistes, auparavant dominants, dans le paysage de la gauche, qui est elle-même en train de se dissoudre. Il faut prendre conscience que nous sommes dans une situation très difficile.

J'ajoute que, même si nous décidons de prendre des mesures intérieures contre ces guerriers clandestins, la chose n'est pas simple. L'exemple de l'Angleterre qui, pendant dix ans, n'a pas pu réprimer ces clandestins le montre bien. En réalité, plus on réprime, plus on a de combattants qui aspirent au martyre. C'est le cas par exemple du pays basque, ou de l'Occupation nazie, dont les fusillades d'otages n'ont fait que réveiller une résistance plus forte contre elle. Dire que nous allons gagner la guerre contre Daech en France, ce n'est pas vrai. On peut mener une action qui réprime et arrête les clandestins, mais il faut faire une action en profondeur aussi bien auprès des jeunes que de notre peuple. C'est quelque chose dont il faut prendre conscience. Nous entrons dans une période longue. Ces événements signifient que Daech est aussi ici, que cette organisation est capable de mener sa guerre avec ses méthodes, de synchroniser ses attaques. Nous devons donc avoir un surcroît de vigilance permanente et une pensée politique pour traiter ces questions.

Je reviens à la question du Moyen-Orient. Nous savons que les forces fanatiques sont issues d'un islam minoritaire. Les principales victimes sont arabo-musulmanes. Il faut donc mener une action de disjonction totale entre ces deux catégories de croyants. Nous savons aussi que ce sont les imbécillités et les erreurs de la politique américaine qui ont créé en Irak la décomposition d'un État et qui ont laissé aussi la Syrie dans cet état de décomposition régionale.

Ce qui nous manque, c'est donc la pensée de nos buts. Ceux-ci ne sont pas seulement négatifs, ne visent pas seulement à l'éradication de Daech au Moyen-Orient. Ce sont aussi des buts positifs : il nous faut nous demander quelle paix nous souhaitons pour le Moyen-Orient. Je pense que l'Irak et la Syrie étaient des États qui, avec le temps, seraient devenus viables, à l'image de la France qui, originellement, était composée de populations extrêmement diverses qui, au cours du temps, se sont unifiées. Désormais néanmoins, une telle unification n'est plus possible dans ces pays moyen-orientaux. Il faut donc à mon avis proposer une confédération de tous les pays musulmans, reprendre le rêve de Lawrence d'Arabie. Car avant que les Anglais et Français imposent des frontières à ces pays, il y régnait une liberté de culte et de religion ; rappelons qu'au Moyen-Orient, tous les peuples sont sémites. Une grande confédération sémitique libre est donc la seule possibilité de sauvetage de cette région. Mais c'est un travail de longue haleine car les Turcs vont s'opposer à ce que les Kurdes soient compris dans cette association. Malheureusement, les grandes puissances ne sont pas assez actives. Obama représentait un espoir mais il est tellement affaibli et en fin de mandat qu'il ne peut plus vraiment agir.

L. A. – On pourrait dire au contraire que, parce qu'il est en fin de mandat, il pourrait tout se permettre, notamment d'être l'artisan de cette paix future à laquelle nous aspirons tous.

E. M. – Il est vrai. Certes, il engage John Kerry pour trouver un accord en Syrie, mais cela est très lent. Il a cependant renoncé à tout en ce qui concerne le problème israëlo-palestinien. Il s'est tourné vers d'autres questions. Je pense qu'il faut qu'il y ait une prise de conscience dans les grandes nations et je regrette que la France n'ait pas pris la tête de ce mouvement pour justement réconcilier les peuples et leur faire prendre conscience de leurs intérêts communs. Dans un monde de barbares, Daech est l'organisation la plus barbare d'entre toutes. Nous le sommes moins, mais nous ne sommes pas pour autant des saints. Les Américains, dans les guerres d'Irak et d'Afghanistan, ont tué plus de civils que de militaires. C'étaient des guerres affreuses. Nous, nous créons des ennemis sans arrêt en frappant non pas les daechistes mais des populations locales. Il faut donc commencer à agir au Moyen-Orient par les puissances alliées et en France, mais l'action y sera plus lente. Si nous obtenons la paix en Syrie, nous tarirons la source de romantisme fanatique, car il s'agit bien de romantisme : ces jeunes pensent trouver une forme de rédemption dans le combat. S'il n'y a plus de combat, les volontaires pour partir diminueront. Ce fut par exemple le cas avec la guerre d'Espagne. Je pense qu'il faut certes que nous vivions l'émotion actuelle qui nous prend, mais aussi que nous réfléchissions à la suitc. Malgré tout le respect que j'ai pour le président de la République, je pense que c'est une erreur de se lancer dans la maximisation des combats.

L. A. – Effectivement, le président François Hollande a réagi en accroissant les bombardements en Syrie.

E. M. – C'est d'autant plus une erreur que les frappes que lance la France sont dérisoires. Nous sommes des combattants minuscules.

Les frappes de la France représentent 3 % des attaques. Pourtant, nous sommes un des pays les plus touchés par le terrorisme.

E. M. – Nous sommes le pays le plus menacé, car nous faisons partie des pays qui ont le plus dénoncé, avec radicalité, ce terrorisme. Il faut l'accepter, continuer à combattre Daech. Mais ce combat est vain car nous ne nous donnons pas les moyens suffisants, nous n'envoyons pas de troupes au sol, et je me demande d'ailleurs si, dans la conjoncture actuelle, l'envoi de troupes terrestres ne serait pas plus négatif que positif, car ces expéditions occidentales sont souvent perçues par les autres pays comme néocoloniales. Il faut donc mener une grande coalition anti-Daech réunissant tous les intéressés de ce conflit, quels que soient leurs vices. Les moins barbares doivent se liguer contre la barbarie la plus importante.

L. A. – D'où vient cette barbarie ? Comment l'éradiquer ? Avez-vous l'impression que nous sommes entrés dans une nouvelle ère ?

E. M. – Nous prenons conscience de la gravité de la situation avec toutes ces morts et tueries. Néanmoins, il faut désormais traiter la psychopathologie politique qu'elle révèle. J'ai vécu à l'ère du communisme stalиniste et maoïste et j'ai vu les partisans de ces régimes se désintoxiquer comme si une fenêtre s'était ouverte dans leur esprit. Parmi les jeunes qui reviennent de Syrie, il y a ceux qui rentrent plus fanatiques et ceux qui brusquement ouvrent les yeux, prennent conscience de la folie de ce qu'ils ont fait. La folie est une faculté humaine : *Homo sapiens* est aussi *Homo demens*. Nous avons vu les exemples à l'époque de Hitler, de Staline.

Cela prend désormais une autre forme, à partir d'une religion, aujourd'hui d'un monde qui se sent tellement rejeté, humilié et méprisé. Ce monde demeure cependant en grande majorité pacifique. C'est sur ce point qu'il faut aussi faire une disjonction entre ce monde et les fanatiques.

L. A. – Comment procéder à cette disjonction ? Cela dépend-il de nous en tant qu'individus, tous unis dans une citoyenneté active, ou d'une tutelle politique, d'une union diplomatique internationale ?

E. M. – De tout cela à la fois. Mais si on prend un autre exemple comme celui du climat, on voit que la conscience ne suffit pas. Toutes les puissances sont intéressées aujourd'hui par ce péril climatique, mais aucune ne prend des mesures à la hauteur des nécessités qu'impose ce problème.

L. A. – D'ailleurs la tragédie de vendredi soir va éclipser la tenue de la COP 21 car il est déjà annoncé qu'il n'y aura qu'une seule séance de négociations au lieu des grands accords initialement prévus.

E. M. – Bien sûr. Les grands accords seront reportés, et c'est sans doute un bien, car ils n'étaient peut-être pas encore tout à fait mûris. Mais il ne suffit pas qu'il y ait consensus sur le péril pour que des mesures réelles soient prises. Chaque pays réagit à sa mesure, égocentrique. Les nations doivent être près d'un gouffre général pour qu'une réaction s'enclenche. Nous n'y sommes pas encore, mais je pense que les acteurs principaux capables de calmer le jeu sont sur place : la Russie, les États-Unis, la France, l'Angleterre et les pays arabes. Ces acteurs doivent s'entendre sur le cessez-le-feu. L'arrêt des massacres est capital pour régler de nombreux problèmes, comme celui des réfugiés et celui du romantisme fanatique. De fait, quand nous étions dans la Résistance, nous étions comme eux : jeunes, nous voyions dans la Résistance une belle cause, nous nous exaltions et nous avions raison.

Mais pour ce qui concerne les Brigades rouges et désormais les daechistes, il faut que cette exaltation soit désintoxiquée. Notre travail est de donner aux jeunes esprits des moyens de ne pas sombrer dans l'unilatéralisme des fanatismes. La suggestion de Régis Debray d'enseigner l'histoire des religions, leur diversité et leur réalité est essentielle car il s'agit d'un fait anthropologique, révélateur des besoins humains. Comme disait Marx, la religion est le soupir de la créature malheureuse. Mais désormais, nous pouvons aussi vivre sans religion. C'est une grande évolution : il faut que les religions comprennent qu'on peut être non croyant sans être considéré pour autant comme un impie et un maudit. Il y a encore de nombreux progrès à faire en la matière. Ce n'est pas l'islam qui est en cause, mais il est clair que nous ne vivons pas dans le même siècle et dans la même culture. Nous avons eu la Renaissance, les Lumières, Voltaire, Rousseau, Hugo, Zola. Dans les cultures islamiques, il y a eu également certains intellectuels qui ont tenté de faire la critique historique du Coran, mais il n'y a pas eu cette évolution. Nous devons donc entreprendre une coexistence pacifique avec ces croyants, mais en leur demandant d'accepter les mariages mixtes, d'accepter que des personnes puissent cesser de croire, d'accepter un certain nombre de principes qui ont fondé notre République moderne comme le statut égal des femmes. Cela n'est pas la même chose que la lutte contre le fanatisme. C'est une autre lutte, qu'il faut mener en parallèle de la première. La réalité des religions a évolué. L'islam européen est dans un bain démocratique. Mais celui-ci n'est pas stable non plus : si par exemple Marine Le Pen passe au pouvoir, ce qui est loin d'être impossible, si nous régressons comme on le voit actuellement en Pologne et en Hongrie où prédominent des régimes autoritaires, alors la roue de l'histoire nous passera sur le ventre. Essayons de résister à cela. Pour le moment, il nous faut donc avoir une pensée et une action à son service.

L. A. – La pensée de la Résistance est peut-être la seule chose à laquelle nous pouvons souscrire et qui nous permette d'agir actuellement. Mais comment imaginer cet appel du religieux ? Pourquoi pensez-vous qu'il y a ce retour du religieux en France et ailleurs ? Comment expliquez-vous que, pour certaines personnes, être religieux constitue leur sentiment d'appartenance à l'humanité ? Pourquoi la mort triomphe-t-elle ?

E. M. – La fin de la religion de Salut terrestre fut incarnée par la chute des idéologies communistes incarnées par l'URSS et la Chine. Dans des conditions d'angoisses nouvelles, où le progrès futur n'était plus une loi de l'histoire, où il était devenu incertain et angoissant, où les crises se multipliaient avec les poussées nationalistes, on a assisté à un retour à la religion, car la religion terrestre avait échoué. Or, les religions monothéistes comme l'islam ou le christianisme s'adressent à tous les humains quels qu'ils soient. On peut être chrétien et africain ou indonésien et musulman. Dans ces textes sacrés, on trouve de tout : des choses sinistres comme des appels beaux, fraternels et compassionnels. Il y a des prières dans l'islam qui s'adressent au Dieu clément et miséricordieux. On voit également, avec le pape François, que ce qu'il y a de beau et de fraternel dans les évangiles se trouve revivifié grâce à lui. On peut penser que les musulmans peuvent retrouver, grâce à des imams, ce qu'il y a de fraternel et d'humain dans le Coran, et qu'ils revivifient le texte.

L. A. – Le problème, c'est que ce ne sont pas toujours ces imams-là qu'on entend dans certaines mosquées.

E. M. – C'est parce que l'islam occidental et européen ne s'est pas encore développé dans un bain suffisamment démocratique. Nous sommes dans une époque où les forces régressives sont extrêmement actives. Nous ne sommes pas dans une époque d'avancées mais de crises, de crise de l'humanité, de la mondialité.

L. A. – De crise de la conscience aussi ?

E. M. – Tout à fait. Nous sommes formés à voir la réalité de façon compartimentée, segmentée en disciplines, avec les économistes, les sociologues, les spécialistes en tout genre. On ne parvient pas à voir le visage d'ensemble. C'est pour cela que j'essaie depuis des années d'introduire la conscience de la complexité de la conscience, du monde, de la condition humaine. Il faut que nous soyons conscients que nous sommes des *Homo demens*, que la capacité de folie est dans tout être humain, et que tout dépend des circonstances. Eichmann n'aurait été qu'un petit bureaucrate s'il n'y avait pas eu Hitler, comme de nombreux bourreaux. Dans ces époques, le pire de l'humain se réveille. Essayons de faire en sorte qu'il ne le puisse pas.

L. A. – Je reviens sur ce mot, « totalitarisme ». Certains voudraient que nous arrivions à une civilisation de la soumission de l'humain à l'intérieur de nous. Comment résister à cette soumission, à cette domination de l'inhumain et du mal ?

E. M. – C'est un problème qu'on n'a pas suffisamment exploré. Étienne de La Boétie déjà, dans son ouvrage sur la soumission volontaire, affirmait que si les peuples subissent des oppressions et des dictatures diverses, c'est aussi parce qu'une part d'eux accepte cette soumission pour bénéficier d'une certaine tranquillité et ne pas prendre trop de responsabilités. Il faut que nous nous rééduquions, que nous nous repensions. C'est un long travail très difficile, mais c'est une formidable tâche pour l'avenir. Pour le moment, il nous faut tenir bon dans nos positions et nos idées.

L. A. – Pensez-vous qu'en chacun de nous, il y a la possibilité de résister à cette violence ? Quelles vont être les étapes ? J'ai beaucoup de mal à comprendre pourquoi il n'y a pas d'unanimisme de la classe politique comme il y en avait eu un pour les tueries de *Charlie Hebdo* et de l'Hyper Cacher ? Pourquoi y a-t-il déjà une dissension politique ?

E. M. – L'unanimisme du 11 janvier n'avait duré que quarante-huit heures ! Nous avions alors été reliés par le cœur, qui est une force qu'il ne faut jamais oublier. Mais une fois que cette force retombe, les idéologies et les préjugés renaissent. Nous sommes capables du meilleur, comme en témoignent les nombreux gestes de secours à Charonne, au Bataclan. Mais nous sommes aussi capables de l'indifférence totale. Nous manquons encore d'une rééducation civique. De nombreuses qualités qui devraient exister comme le civisme, la solidarité, n'existent que dans ces situations extrêmes et disparaissent par la suite. On devrait peut-être profiter de ces événements pour retrouver ces qualités. Je pense que les partis politiques sont trop sclérosés, enfermés dans leur ligne, dans leurs enjeux électoraux. Ils n'ont pas un horizon ample, dans lequel ils percevraient le destin de la France, de l'Europe et du Monde. Voilà la tragédie.

L. A. – Qu'est-ce qui peut représenter notre aspiration légitime à la sécurité et à la citoyenneté ?

E. M. – Beaucoup de voix s'élèvent dans ce sens, mais il faut qu'elles s'unissent. Il faudrait ainsi qu'un mouvement se développe. On ne peut cependant pas dire qu'il n'y a qu'à… Nous sommes justement trop dans une approche systématique de recherche d'une solution immédiate face au problème auquel nous faisons face. Mais trouver la solution prend du temps. Il faut d'abord trouver la voie qui permette d'aller vers la solution. C'est par une nouvelle façon de vivre, de penser qu'on peut y parvenir. Par exemple, il faut profiter de la question écologique pour réformer nos comportements, profiter des événements pour prendre conscience de la nécessité vitale de la solidarité. Mais nous sommes trop séparés, dispersés.

L. A. – Comment relier ? C'est en effet une thématique centrale dans tous vos travaux : comment relier les champs disciplinaires ? Comment relier nos aspirations ? Et, idéalement, comment nous relier ?

E. M. – C'est en effet ma préoccupation principale. Dans mes travaux, j'essaie de relier les connaissances séparées. Je suis cependant isolé dans ma démarche. Beaucoup ne me considèrent pas comme un intellectuel. Je fais ce que je peux. Je lance des idées, qui sont comme des graines. Si le terreau n'est pas fertile, elles ne poussent pas. Je pense que chacun doit continuer à prêcher ses idées. Je continue pour ma part de prêcher la fraternité, l'universalisme, c'est-à-dire que tous les êtres humains, en dépit de leurs différences, ont le droit à la même reconnaissance et dignité. Il faut continuer à régénérer les idées humanistes dans le meilleur sens de ce terme, c'est-à-dire les idées ouvertes sur le sens d'autrui, ouvertes sur le fait que nous sommes tous, en dépit de nos différences, de petits éléments d'une aventure humaine extraordinaire. Il faut renforcer notre sentiment d'humanité. Nous sommes encore loin de cela dans notre système d'enseignement. Au contraire, les universalistes sont des dinosaures, comme moi-même. On se referme de plus en plus sur du particulier et du national. Il faut traverser cette époque de régression, non pas en baissant les bras, mais en continuant. Pour ma part, je continuerai debout jusqu'à la fin.

L. A. – Dans la plupart de vos derniers textes, vous stigmatisez la financiarisation internationale. Est-ce que vous observez un lien de cause à effet entre ce mouvement et celui de la régression de la vie démocratique dans plusieurs pays de l'Europe ?

E. M. – Je constate qu'il y a une conjonction objective de deux barbaries. La première vient du fond des âges, et se caractérise par la haine, le mépris, les massacres, les tueries, la torture. Nous la voyons partout se déchaîner, jusque chez nous. La seconde est froide, fondée sur le calcul, l'intérêt. Elle ne perçoit que l'intérêt immédiat et a cessé de voir l'intérêt collectif. Ces deux barbaries sont malheureusement présentes, objectivement alliées bien que subjectivement très distinctes. Aujourd'hui, nos États sont submergés par ces intérêts. Il est très difficile de faire la moindre réforme sur le plan de la consommation alimentaire, de l'industrie pharmaceutique, parce qu'il y a des lobbys encore très forts, notamment en Europe, qui permettent par exemple l'utilisation de pesticides, qui ont peut-être certaines vertus mais surtout le vice de détruire la population des abeilles. Nous sommes asphyxiés par ces intérêts particuliers, car sans cet économisme du profit, on aurait des produits d'alimentation de meilleure qualité, qui ne seraient pas issus de monoculture agricole ou d'élevages industriels. Il faut se battre donc sur plusieurs fronts : celui de la barbarie financière, de la dictature de l'argent et celui de l'idéologie fanatique hurlante.

L. A. – Y a-t-il une autre solution que l'Europe ?

E. M. – Il est possible que l'Europe se disloque. Elle est désormais sous la domination des intérêts financiers. La meilleure voie serait celle d'une prise de conscience commune, qui viendrait de tous les pays et qui pousserait les gouvernements et les États à faire les ententes minimales pour sauvegarder l'avenir de l'humanité.

L. A. – Nous sommes dans un présent sidéré. Est-ce que la notion même d'avenir existe et comment la concevez-vous ?

E. M. – Il y a un premier avenir structurel, qui nous conduit vers des catastrophes écologiques, aussi sans doute nucléaires, comportant le moyen de miniaturiser une bombe atomique, des armes de destruction massive risqueront d'arriver plus facilement dans les mains de groupes privés et non plus d'États. Nous sommes donc dans une époque de péril. Il faut nous aguerrir à affronter les périls qui sont chez nous. Les attentats du 13 Novembre sont un avertissement de ces périls.

14

Qu'attendons-nous des intellectuels aujourd'hui ?

L. A. – Qu'est-ce que dire la vérité ? Qu'est-ce qu'un diseur de vérité ? Dans un monde où le fait est immédiatement transformé en opinion, les lignes de démarcation sont de plus en plus floues. Peut-on pour autant s'accommoder de demi-vérités, de fausses vérités si bien travesties en opinion qu'elles passent pour vraies ? Qu'attendons-nous des intellectuels ? Qu'ils nous disent leur vérité ? Et que leur demandons-nous ? De nous dire non pas ce qu'il faut penser, mais comment nous pouvons continuer, grâce à eux, à conserver en chacun de nous un espace de liberté au moment où la définition même de l'intellectuel est en train de devenir de plus en plus floue. Qu'est-ce qu'un intellectuel aujourd'hui ?

E. M. – L'intellectuel se définit par le fait qu'en plus de sa profession de romancier, de poète ou d'avocat, il se met sur la place publique et traite de problèmes fondamentaux, globaux ou locaux, qui se posent dans la vie. Par exemple, Zola est un romancier mais devient un intellectuel en faisant *J'accuse*. Camus est un écrivain, et, comme je l'ai déjà dit, il devient un intellectuel avec *L'Homme révolté*, idem pour Sartre quand il écrit *L'existentialisme est un humanisme.* Cependant, un intellectuel n'est pas automatiquement lucide ou pertinent. Les intellectuels n'ont pas le privilège de bien penser. Au contraire, lorsque l'on voit les prises de position politiques des grands intellectuels comme Sartre vis-à-vis de l'URSS, ou Foucault concernant les révolutions communistes, on voit qu'il y a des erreurs. J'étais communiste pendant la guerre et j'ai été capable par la suite de m'autocritiquer, ce que beaucoup d'autres n'ont pas fait.

Parmi les intellectuels, on a aujourd'hui des intellectuels médiatiques, qui peuvent être de bons ou mauvais intellectuels. Être médiatique n'est pas indicateur de qualité. L'intellectuel doit chercher la vérité, même si elle est très difficile à atteindre. Il doit s'efforcer de ne pas se tromper, tirer les leçons de ses erreurs. Son rôle est capital aujourd'hui, dans le temps du règne des experts et des technocrates. Le seul qui peut poser des questions globales, échappant aux spécialistes, c'est l'intellectuel. Il a donc une mission très grande, mais est-il capable de l'assumer ? Il faut au moins chercher la vérité des faits. Quand il y avait par exemple le pseudo-Bond en avant en Chine, très rares étaient ceux qui avaient trouvé les bonnes sources d'information. Cela prouve la difficulté à trouver la vérité. Néanmoins, il est toujours possible de trouver la vérité sur les faits. Mais les vérités morales, la fraternité ne sont pas prouvables. Cela prouve la complexité des choses. On n'est pas intellectuel par métier, on le devient en s'engageant sur la place publique.

L. A. – L'intellectuel doit-il être engagé sur la place publique ? Et est-ce important d'être de droite ou de gauche quand on est intellectuel ?

E. M. – On définit justement l'intellectuel par ce type d'engagement, plus que par une couleur politique. Il a existé des intellectuels de droite, tels Maurras, Barrès, etc., comme des intellectuels de gauche. Certains intellectuels ne sont ni de gauche ni de droite. Moi-même, je ne me reconnais pas dans les gauches politiques d'aujourd'hui, mais subjectivement, je me considère de gauche.

L. A. – En tant qu'intellectuel, pourquoi considérez-vous qu'il faut être engagé ? Pourquoi pensez-vous qu'il faut prendre parti ? Pourquoi faites-vous des éditoriaux dans les journaux, des conférences ?

E. M. – C'est une tautologie, car le propre de l'intellectuel c'est de s'engager, qu'il le fasse à droite ou à gauche.

L. A. – Mais n'existe-t-il pas des intellectuels non engagés ?

E. M. – Ce ne sont alors pas des intellectuels mais des écrivains, des poètes, etc. Tout dépend de la définition qu'on donne du mot néanmoins. En ce qui me concerne, je suis préoccupé par le sort de l'humanité, notamment avec la mondialisation qui fait partager un sort commun à tous les êtres humains, les mêmes périls et angoisses. Je suis également inquiet du caractère désastreux des guerres qui pourrissent comme ce fut le cas de la guerre d'Algérie et aujourd'hui du conflit israélo-palestinien ou de la Syrie.

L. A. – Parce que vous êtes un citoyen comme un autre, et non pas parce que vous êtes un intellectuel. Mais, parce que vous êtes un intellectuel, vous vous engagez dans le débat public.

E. M. – Non. Je suis un intellectuel parce que j'ai la possibilité de m'exprimer par la parole. Si je ne peux pas m'exprimer à la télévision, je le fais par l'écrit. Le citoyen est identique à moi, mais il n'a pas la possibilité de s'exprimer. J'ai donc un avantage qui me donne un certain devoir vis-à-vis des autres citoyens.

Il s'agit de tenter de comprendre et de faire comprendre. C'est assez simple à dire, mais c'est très difficile à faire. Je pense que si j'avais à résumer d'un mot ce que j'essaie de faire, qui est une tâche philosophique, au moins autant, sinon beaucoup plus, qu'une tâche intellectuelle, je dirais que c'est de lier le particulier à l'universel.

L. A. – On se souvient de l'engagement médiatique de Pierre Bourdieu dans les grandes grèves de 1995. Pensez-vous qu'avec l'évolution des médias ces dernières années, la fonction de l'intellectuel a évolué, et, si oui, comment ?

E. M. – Aujourd'hui, les médias donnent très peu de temps de parole et un temps très haché, quand il s'agit de traiter de grands problèmes. Dans le fond, la première problématique est donc le temps. Au nom de la recherche de la diversité, on coupe la parole aux intervenants dès qu'il y a un début d'argumentation. Je me souviens d'une époque où je pouvais dialoguer avec un journaliste en tête à tête pendant une demi-heure ou une heure à la télévision. Cette époque est révolue. C'est désormais très difficile de faire passer un message. J'ai toujours peur dans les émissions de débat de prendre la parole à la place d'un autre ou qu'on me coupe la parole quand j'ai envie de parler. D'autre part, il y a les intellectuels médiatiques qui sont invités pour parler de n'importe quel sujet. Il faut chercher à ne pas trop se tromper, et lorsqu'on se trompe, reconnaître ses erreurs. Cela n'est pas propre à l'intellectuel. Chacun devrait s'auto-analyser.

L. A. – On peut dire que vous avez vécu l'historicité de la définition de l'intellectuel. Est-ce que vous êtes aussi inquiet que certains intellectuels qui signalent qu'on assisterait à une dérive des intellectuels à l'heure actuelle ?

E. M. – Cornelius Castoriadis parlait de la montée de l'insignifiance. Je pense que c'est un des aspects de cette dérive. Certains intellectuels sont assez prétentieux pour penser détenir la vérité. D'autres n'ont pas cette prétention néanmoins, donc ce ne sont pas ceux qu'on voit sans arrêt sur les écrans qui sont le prototype de ce que nous avons de meilleur en termes d'intellectuels. Il y a des intellectuels qui restent dans l'ombre, ne sont pas appelés par les médias et pourtant existent. J'ai vécu beaucoup d'illusions, d'erreurs depuis mon adolescence. Dans les années 1930, en effet, j'ai assisté à toutes les erreurs possibles : le refus de croire que Hitler arriverait au pouvoir, puis qu'il pourrait faire cesser le chômage, la guerre d'Espagne, puis les accords de Munich, qui jetaient l'URSS dans les bras de Hitler, puis les erreurs inouïes de l'état-major français. J'ai vu toutes ces erreurs s'accumuler. J'ai peur qu'aujourd'hui nous soyons dans une nouvelle époque de somnambulisme et d'illusion.

L. A. – « Respecter les mots, respecter les autres, avec un grand A, princes ou balayeurs », disait Camus à l'aube des années 1960. Les choses ont-elles depuis vraiment changé ?

E. M. – Oui. Il faut y résister, et je pense que ce ne sont pas les sirènes auxquelles il est le plus difficile de résister. Je pense que ce qu'il y a de vraiment important, c'est d'arriver à prendre la mesure de ce qui est en train de se passer. Les événements actuels font écho à d'autres qui ont déjà eu lieu. Nous sommes dans une époque où une guerre peut survenir. Je me retiens de le dire car je pense qu'à chaque fois qu'on évoque la possibilité d'une guerre, cela rend cette possibilité plus concrète. Nous sommes encerclés par les guerres mais pas par la Guerre, une guerre mondiale, avec une grande implication de tous les pays. Nous vivons dans un monde incertain, qui ne veut pas la guerre, mais où se multiplient les petites guerres, chacune très grave. Aussi nous voulons si mal un monde sans guerre que nous allons finir par y arriver.

Il faudrait œuvrer pour que la Syrie cesse d'être ce monde d'horreur que nous voyons aujourd'hui. Il faudrait se concerter pour que nous ayons une politique digne et réelle à l'égard des migrants. Il faut réfléchir en amont. Cela n'est pas possible d'en être arrivé à ce point catastrophique aujourd'hui. L'intellectuel peut essayer de faire comprendre que les politiques doivent faire leur travail, c'est-à-dire les inciter à réfléchir, à travailler ensemble pour que les idées fonctionnent correctement.

« Je pense que quand on devient vieux, on se rend compte que beaucoup de problèmes qui semblaient insolubles ont été résolus. J'ai assisté à la défaite du fascisme, du stalinisme, à la fin de l'apartheid, à la décolonisation.

Des progrès énormes ont été faits. Concernant d'autres domaines qui me préoccupent, que ce soit la relation Israël-Palestine, la dégradation de la Terre, la très grande pauvreté face à une immense richesse concentrée sur une toute petite portion de la population, c'est révoltant, scandalisant et nous avons raison de nous indigner. » Ces mots sont ceux que Stéphane Hessel, à 94 ans, avec qui j'ai écrit un livre, avait tenus en décembre 2011. Continuons à nous indigner en tant que citoyens du monde et intellectuels.

L. A. – Pour autant, l'espace accordé dans les médias mais aussi dans le monde politique n'est-il pas en train de se réduire à peau de chagrin ? Que peuvent encore les intellectuels et qu'ont-ils encore à nous dire ?

E. M. – Je pense que s'indigner ne suffit pas. Hessel lui-même le reconnaissait. Dans le livre *Le Chemin de l'espérance*, on essayait de tracer une voie politique, un espoir politique. L'espérance aujourd'hui est de croire en l'improbable, malgré les probabilités désastreuses. Dans le fond, la victoire des Alliés était improbable en 1941, et pourtant un certain nombre d'événements ont permis de changer ce destin. C'est pourquoi je m'intéresse à la question de la force du politique. Je pense qu'aujourd'hui le vrai problème vient du fait que les politiques n'ont plus de pensée, mais sont à la remorque de l'économie, et en particulier l'économie néolibérale, dont ils croient naïvement qu'elle va apporter des solutions, alors qu'on sait qu'elle risque davantage d'aggraver la situation. Je pense que la régénération d'une pensée politique est capitale. Il ne faut pas seulement revenir aux grands penseurs du passé, mais aussi s'intéresser à ceux du présent, pas uniquement les intellectuels mais aussi les universitaires et tout un chacun. Il faut surtout essayer de penser. La grande difficulté vient du fait que nos connaissances sont compartimentées et séparées dans les disciplines, empêchant de rassembler tous ces savoirs pour trouver une direction. Il y a une crise de la pensée, de l'intelligence : c'est pourquoi je parle de somnambulisme.

L. A. – Que veut dire penser ? Emmanuel Kant disait : « Nous pensons toujours en communauté avec les autres, à qui nous communiquons nos pensées, comme ils nous communiquent les leurs. » En somme, nous sommes tous des intellectuels ?

E. M. – Dans un sens oui, car il n'y a pas de frontière nette entre l'intellectuel et l'écrivain, le philosophe et le citoyen. Je pense que l'intellectuel a pour rôle, par opposition aux hyperspécialistes, aux technocrates, aux scientifiques qui nous gouvernent à travers les politiques et les responsables, de poser des problèmes fondamentaux qui tendent à être ignorés dans le vivre au jour le jour, dans la routine.

15

Les conséquences de la pandémie*

L. A. – Aujourd'hui, cela fait exactement un an que le confinement a commencé. Quel regard portez-vous, rétrospectivement, sur cette année ?

E. M. – Cette année a été une année d'incertitude et d'imprévus croissants, sans qu'on puisse entrevoir une issue aux différents problèmes, pas seulement sanitaires, provoqués par la pandémie ; problèmes humains qui en résultent pour les gens encore aujourd'hui, en France, comme les restaurants, les bistrots fermés ; problèmes d'incertitude économique. Je crois que nous n'avons pas résolu certaines incertitudes du départ, comme sur l'origine du virus : aujourd'hui on remet en cause l'hypothèse qu'il se soit échappé d'un laboratoire chinois, mais on ne sait pas. On a subi l'arrivée des mutants, qu'on appelle variants, sans les avoir prévus, alors que tout le monde sait que les virus mutent, notamment celui de la grippe qui mute sans arrêt. Donc il continue à y avoir de l'imprévision, du silence, de la part des autorités. Je ne sais pas si c'est pour ne pas trop inquiéter. Mais même quand on ne veut pas trop inquiéter, on inquiète encore plus. En

* Entretien réalisé en mars 2021 par Zoom.

même temps que les vaccins sont produits en masse, et devraient arriver en masse contre le virus originel, on voit ce virus originel disparaître au profit de ces mutants, dont on en connaît deux ou trois : l'anglais, le sud-africain et le brésilien, mais contre lesquels on ne sait pas si les vaccins fonctionnent. Donc on est toujours en pleine aventure et je crois qu'il faut continuer à être vigilants et à avoir une stratégie de l'incertitude.

L. A. – Aujourd'hui même, on apprend que l'Allemagne suspend à son tour l'utilisation du vaccin AstraZeneca, donc on a l'impression que le virus a toujours un pas d'avance sur nous. Comment le comprendre, épistémologiquement parlant ?

E. M. – On le comprend, sans avoir recours à l'épistémologie, mais en ayant recours à l'histoire. Dès le début de l'épidémie, on s'est lancés dans la recherche des vaccins et on ne s'est pas préoccupé de la recherche des remèdes. *The Lancet* et *The New England Journal of Medicine* ont été obligés de retirer leurs articles contre l'hydrochloroquine en juin de l'année dernière, qui était un remède utilisé contre le paludisme, détourné contre le coronavirus. De même, l'ivermectine, qui est un remède contre des démangeaisons, a été détournée pour le Covid. On ne s'est pas focalisés du tout sur la recherche de remèdes, et le fait qu'on a interdit aux médecins privés de s'occuper de cela a empêché certains médecins de bricoler des solutions par ingéniosité et inventivité. Il y a eu la recherche obsédée du vaccin, qui est tout à fait légitime, tout à fait nécessaire, mais on a négligé non seulement les remèdes, mais aussi des préventions immunitaires, comme la phytothérapie, le zinc, la vitamine D, etc. Par ailleurs, quand on s'est focalisés sur les vaccins on s'est focalisés sur le virus originel, ce qui fait que, quand arrive la nouvelle situation, on est complètement dépassés. Et quand arrive l'histoire de l'AstraZeneca, qui commence à être interdit dans différents pays pour quelques effets secondaires, arrive aussi le problème, inévitable, de pratiquer une vaccination, en connaissant les effets secondaires immédiats (un peu de fièvre, etc.), mais en ignorant les possibles effets secondaires à moyen terme. C'est inévitable, mais en même temps, cela témoigne de cette focalisation et de cette précipitation, uniquement sur les vaccins.

Donc maintenant, qu'est-ce qui va se passer ? Les firmes vont produire des nouveaux vaccins contre les nouveaux virus, peut-être d'autres nouveaux virus vont proliférer. Il va y avoir une course-poursuite. Déjà pour la grippe, il y a une course-poursuite tous les ans. Tous les ans le virus change, et on donne des vaccins contre le virus de l'année précédente. Donc on est dépassés par ces processus, en partie imprévisibles, qui sont le surgissement de ces mutants. Et surtout, il y a une sorte d'aveuglement sur ces vaccins uniquement, au lieu d'avoir une pluralité de méthodes contre ce virus, comportant des remèdes. De même, on ne s'intéresse absolument pas à ce qui se passe dans d'autres pays. Par exemple, Cuba a un remède qui ne guérit pas, mais qui lutte efficacement contre les effets les plus graves du virus. Il a offert ce remède, qui est utilisé au Venezuela, au Panama, en Chine, etc. Personne ne s'intéresse à la question de savoir si ce remède va fonctionner. À Madagascar, ils utilisent l'artemisia, qui est une plante très efficace contre le paludisme : on ne s'y intéresse pas. On a l'impression qu'on est focalisés uniquement sur nos vaccins occidentaux.

D'ailleurs, même aujourd'hui, au Maroc où je réside, il y a l'AstraZeneca, il y a le vaccin chinois et ils ont acheté et vont recevoir le vaccin Spoutnik. Donc il semble bien que les firmes occidentales fassent tout pour empêcher les vaccins russes ou chinois d'arriver. C'est-à-dire qu'il y a une sorte de business caché sous toutes ces histoires, au détriment des malheureux patients qui souffrent ou qui meurent.

L. A. – Au moment même où nous parlons, Edgar, sur mon téléphone portable, vient de s'inscrire une alerte disant « Covid-19 : la France suspend l'utilisation du vaccin AstraZeneca jusqu'à ce qu'un avis européen soit émis mercredi ». Quelles réflexions cela vous inspire ?

E. M. – Cela me semble logique pour deux raisons. La première est évidente : puisqu'un certain nombre de pays le suspendent, après des cas suspects, pourquoi ne pas faire comme eux ? La seconde est que, comme les Français sont informés par leurs médias que le Danemark, les pays nordiques, suspendent l'AstraZeneca, ils sont de plus en plus inquiets au sujet de ce vaccin, et donc cette inquiétude elle-même justifie la suspension. Mais le malheur, c'est que la France ne s'est pas suffisamment approvisionnée, ou bien peut-être qu'elle a été trop concurrencée par des pays encore plus riches comme les États-Unis, en Pfizer. Elle n'a pas cherché d'autres approvisionnements que l'AstraZeneca. Maintenant il y a aussi le Johnson & Johnson. Le Spoutnik et le chinois mériteraient aussi d'être testés d'une certaine façon. Ils sont offerts sur le marché.

L. A. – Quelle réflexion en tirer sur le plan européen ? Est-ce une force d'être dans l'Europe en cas de pandémie comme celle que nous subissons ?

E. M. – Si l'Europe avait été unie et coordonnée, cela aurait été une force. Comme elle ne l'est pas, c'est une situation dans laquelle nous nous sommes montrés assez isolés. Dans cette question de l'approvisionnement en vaccins, le Pfizer reste très compliqué à conserver, mais nous n'en avons pas assez. L'AstraZeneca est suspendu. Donc on est maintenant dans une situation où les autorités vont devoir prendre une décision, parce qu'on est quand même lancés dans une campagne de vaccination. Mais là encore, je répète ce point d'interrogation : on va vacciner massivement contre l'ancien virus, mais celui-ci est en cours de disparition et nos vaccins actuels, aussi bien le chinois que le russe, ne sont pas encore bien testés pour savoir s'ils seront efficaces. Mais on sait déjà que l'anglais et un autre vaccin ne fonctionnent pas très bien contre le variant sud-africain. Donc on est dans une aventure historique, dans laquelle il y a de l'imprévu, mais aussi de l'imprévision et de l'improvisation. Il n'y a pas eu assez de réflexions. Tous les scientifiques savent que les virus peuvent muter, donc cette hypothèse devait être posée dès le début de la recherche des vaccins.

L. A. – Est-ce habituel que la science ait un peu de retard par rapport à une réalité douloureuse comme cette pandémie ?

E. M. – On a vu, avec le sida, que les autorités scientifiques, avec leurs théories, ne pensaient jamais que cette maladie pouvait être produite par un virus. Il y a eu des alertes par deux petits médecins de banlieue sur l'histoire du sang contaminé et finalement Montagnier a pu montrer, contrairement à l'opinion générale, que c'était bien un virus. De même, Pasteur a été condamné par tous les médecins de l'époque parce qu'il n'était pas jugé compétent. En France comme ailleurs, l'initiative, la découverte dérangent les théories établies et les autorités consacrées. Einstein a dérangé toutes les théories physiques à son époque. L'important, c'est que la science permette à des esprits libres, déviants, originaux de se développer. Mais si la recherche est contrôlée uniquement sur des effets immédiats, cela ne marchera pas. Il faut laisser les esprits ingénieux chercher.

L. A. – Pourquoi nous fait-on croire en Europe que le seul remède, c'est le vaccin ?

E. M. – Je crois qu'il y a eu une pression des industries pharmaceutiques, qui ont leurs lobbys auprès des différents ministères de la Santé, qui sont influentes sur des sommités scientifiques parce qu'elles financent leurs recherches, et pour qui les vaccins sont une affaire extrêmement rentable. Sous leur influence, *The Lancet*, la plus respectable revue médicale, a publié une fausse statistique contre l'hydrochloroquine. Je pense que dans ce domaine, comme dans d'autres, il y a eu l'effet de l'argent corrupteur. Malheureusement, c'est arrivé sur la santé, mais cela joue dans beaucoup d'autres domaines.

L. A. – Avez-vous l'impression que la définition même de la vie a changé depuis l'apparition de cette pandémie ?

E. M. – Non, ce n'est pas la notion de la vie. Je crois même que cela a renforcé l'idée de la primauté de la vie humaine sur l'intérêt économique. Mais cela a été fait d'une façon un peu maladroite. Ce qui a aussi beaucoup altéré, surtout à l'époque du premier confinement, c'était l'impossibilité des parents, des proches d'aller voir leurs frères, leurs maris, leurs époux intubés, et de ne pas pouvoir faire des funérailles. Là, il y a eu quelque chose de très grave. Les funérailles sont un phénomène de communion vitale nécessaire. Cela, maintenant, c'est passé. Ce que je crois, c'est que les statistiques quotidiennes de morts nous renvoient à la fragilité de la vie. Dans un sens, on a essayé de sauvegarder les vies d'une façon pas très heureuse, puisqu'on aurait pu développer des remèdes qui auraient permis de sauver des vies. On ne s'est pas assez consacrés à la protection concrète de l'existence. Avec le temps, c'est comme pour les accidents de la route, nous avons des statistiques, qui nous laissent, non pas indifférents, mais qui nous touchent moins. Là, maintenant, nous avons notre lot de morts quotidiens, que nous admettons. On a donc des choses contradictoires qui ont lieu en même temps.

L. A. – Depuis le début de cette pandémie, la signification, la perception, la définition même de la mort ont-elles évolué ?

E. M. – Je ne pense pas, parce que la mort est une chose qu'on essaie d'occulter, de reporter, et dont on est en même temps conscient qu'elle nous frappera tous. Donc je crois que sa menace est devenue un peu plus lourde, mais, là encore, du moins, avec le virus originel, les gens de moins de 60 ans n'étaient pas, sauf exception, atteints mortellement.

Pour le moment, je crois qu'on est beaucoup plus dans une sorte de vague, dans une sorte d'état, où on s'efforce de ne pas trop réfléchir à cela. On essaie de se prémunir, plus ou moins, d'autant que les jeunes, avec les gestes barrières, qui semblent contraires aux mœurs de la convivialité, qu'ils ne respectent guère, peuvent être vecteurs de contamination de leurs parents. Je pense qu'il faut vivre avec l'idée qu'il n'y a pas de risque zéro, que le maximum de protection qu'on peut avoir pour vivre enlève tout sens à la vie. Est-ce vivre d'être hyperconfiné, hypercalfeutré ? Donc, nous sommes amenés aujourd'hui à réfléchir sur la part de risque que nous devons courir et que nous courons habituellement avec les cancers, avec les accidents de la route. Ce risque se trouve cependant brusquement, quantitativement accru. Donc je pense qu'on s'accommode. Je pense à l'Occupation. J'ai vécu quelques mois en zone sud, du désastre de juin 1940 jusqu'à l'automne, à un moment où l'alimentation avait terriblement diminué. On est passés d'une société où on trouvait quasiment de tout à une société où on ne trouvait presque plus rien. Les restrictions de toutes sortes sont tombées et les populations se sont débrouillées. Il faut dire qu'à l'époque, la moitié de la population était rurale, beaucoup avaient leurs parents à la campagne, chez des amis, qui les ravitaillaient. Il y avait un marché noir artisanal. Mais on a vécu brusquement dans une période de restriction totale. Il n'y avait plus de café, le vin était devenu très rare, les matières grasses, rarissimes. Mais la capacité humaine à supporter l'accident, le désastre, est grande comme celle de s'adapter à la pénurie.

Donc, ce que j'espère, c'est qu'on n'ira pas vers des désastres beaucoup plus grands. Aujourd'hui, nous sommes entrés dans une époque où il est possible que des virus encore plus nocifs se développent. Il faut réfléchir au fait qu'avant la pandémie, il y avait une crise mondiale des démocraties, des sociétés qui, sous le poids du pouvoir de l'argent déchaîné qu'on appelle néolibéralisme, il y avait des mouvements de colère qui étaient très vifs mais réprimés. Il y a en France les Gilets jaunes, les syndicats. Il y a la crise écologique, dont on prend lentement conscience, mais qui concerne toute l'humanité et qui n'est pas du tout résolue. Toutes ces crises ne peuvent que s'aggraver avec les conséquences économiques de la crise que nous vivons. Je pense qu'il y aura du nouveau, mais qu'il risque d'être pire, car ce sera de l'ancien devenu pire. Les forces de renouveau sont par ailleurs très dispersées, ne sont pas coordonnées, n'ont pas une pensée directrice, une politique qui indique une nouvelle voie, ce qui serait mon espoir. Donc, pour le moment, toute crise favorise aussi bien l'imagination créatrice que la régression sur des mentalités fermées, identitaires, racistes. La crise favorise le meilleur et le pire. Actuellement, cela risque de favoriser le pire, comme on le voit avec les polémiques sur l'islamo-gauchisme, cette notion fantomatique qui semble avoir quelque crédibilité, alors que ceux qui sont traités de tel sont ceux qui sont un peu compatissants pour le sort des minorités, humiliées ou offensées. Donc le débat public est très dégradé. Actuellement il faut résister par l'esprit, dans des oasis de fraternité, de compréhension mutuelle, espérer que quelque chose va sortir avant l'abîme. Selon le vers de Hölderlin, là où croît le péril croît aussi l'espoir.

L. A. – Avez-vous vécu intérieurement ce sentiment de crise déjà où est-ce que c'est la première fois qu'il y a une sorte d'amalgame de toutes les crises ?

E. M. – Non, là c'est un amalgame de crises géantes, de crises multiples. J'ai vécu beaucoup de crises mais pas de ce type. Toute mon adolescence est une période de crises successives de la pensée, avec le fascisme, le communisme stalinien, la démocratie face aux dictatures, la gauche opposée à la droite d'une façon violente avec le Front populaire, la guerre d'Espagne. La guerre d'Algérie a été aussi une période de crise. De mon expérience vécue, j'ai remarqué qu'il n'y avait aucune conscription de la crise. J'ai voulu dire : qu'est-ce qu'une crise ? Une crise, c'est quand un système donné casse sa régulation, ce qu'on appelle son processus de *feedback* négatif qui empêche les déviances de se développer. Quand ce système est affecté, on voit des phénomènes minoritaires se développer, et le système entre en crise. Il peut arriver à se recomposer, d'une façon nouvelle, ou à revenir tel qu'il était. Cela dépend de la situation. Comment naissent les systèmes complexes ? La crise aura déclenché des forces nouvelles. Il faut trouver des remèdes nouveaux à la situation. C'est l'imagination créatrice qui va déclencher soit des inventions créatrices, soit les peurs qui vont chercher le sauveur, le protecteur.

Nous sommes, en France, dans cet état-là. Nous sommes dans cet état des deux France, qui se sont toujours combattues (par exemple quand il y a eu la Troisième République, elle a pu refouler la France monarchique, catholique, réactionnaire). Au moment de l'affaire Dreyfus, on a pu voir que c'est la France humaniste, républicaine, qui a vaincu l'autre France. Quand il y a eu le désastre de 1940, c'est l'autre France, celle de Vichy, qui a repris le pouvoir. Donc il y a toujours ces deux France dans la France, mais elles ont changé : le catholicisme, par exemple, n'est plus réactionnaire, pour une grande partie, acceptant la République et même humaniste. La réaction a pris de nouvelles formes. Avant guerre, c'étaient les Juifs et les métèques qui étaient constamment dénoncés. Maintenant, il y a de nouveau l'antisémitisme, mais il n'y a pas que lui, il y a aussi les musulmans, les Arabes, etc. Nous sommes dans une époque où les forces obscurantistes s'opposent à tout ce qui fait l'essence de la France humaniste, qui a été formée depuis Montaigne, Voltaire et la Révolution.

L. A. – Est-ce que pour autant, il faudrait relativiser ce qui nous arrive, par rapport justement à la Seconde Guerre mondiale, à la guerre d'Algérie, à toutes ces secousses de l'histoire qui ont été des plaies purulentes ? Est-ce que ce que nous vivons est à relativiser et à inscrire dans une histoire ?

E. M. – La crise n'est pas terminée. Nous sommes encore en plein dans cette crise. Or, la Seconde Guerre mondiale s'est terminée de façon heureuse avec la victoire des Alliés. La guerre d'Algérie s'est terminée de façon, je ne dirais pas heureuse, car il y a eu beaucoup de victimes, mais la France a échappé à une dictature grâce à de Gaulle – même si l'Algérie n'a pas échappé à la dictature. On a terminé néanmoins cet épisode affreux de l'histoire. Nous sommes donc dans une crise en plein développement, dont on ne peut pas encore juger l'importance et la nature. Cette crise est mondiale, comme l'a été la Seconde Guerre mondiale, mais encore plus. On le voit dans tous les détails. Même pour les vaccins, les pays d'Afrique n'arrivent pas à en trouver. On a affaire à des soubresauts de toute sorte, nous sommes dedans. Je suspends mon jugement, car nous sommes encore dans l'imprévisible. Dans l'incertitude, nous devons encore envisager des scénarios possibles, mais je ne peux pas encore juger.

L. A. – Cela vous donne quand même encore envie de vivre ?

E. M. – Vous le voyez [rires] ! Chaque assaut des forces de mort suscite au contraire la réaction vitale. J'ai envie de vivre, mais je sais désormais que cette vie est quand même assez limitée. Mais j'aimerais vivre la fin de cette pandémie.

L. A. – Accepteriez-vous de parler de ce qui vous est arrivé comme accidents de santé récemment, puisque c'est la première fois qu'on se reparle depuis ? Vous avez failli mourir deux fois ! De quoi vous souvenez-vous ?

E. M. – Je me souviens que j'étais en pleine hémorragie intestinale et Sabah, en toute hâte, avait appelé un gastroentérologue, lequel avait contacté une ambulance médicalisée qui n'arrivait pas. Pendant ce temps d'attente où je faiblissais, j'étais de plus en plus placide et indifférent. Je prenais distance sur moi.

L. A. – Vous vous voyiez mourir, mais cela ne vous embêtait pas trop ?

E. M. – Oui, je me voyais mourir, mais c'était un processus que je subissais avec fatalisme. Puis quelques mois plus tard, j'ai failli mourir d'une septicémie, qui a fait baisser ma tension, à 9, 8, 7, 6… Les médecins ont appelé Sabah pour la préparer au pire. Et ils m'ont demandé si je voulais aller en réanimation et j'ai dit que je ne le voulais pas. J'étais assez placide. J'étais affaibli, mais je n'avais aucune douleur. Comme quand j'ai eu l'hémorragie, j'étais faible, mais je n'avais pas de douleur. J'ai dû m'endormir et le premier miracle, c'est que normalement, les médecins avaient dit à Sabah que vu mon âge, j'avais fait ma vie. Et Sabah disait : « Non ! Non ! » Elle a ameuté la communauté médicale de Montpellier. Ils se sont réunis pour essayer de trouver une solution car on me donnait des antibiotiques contre la bactérie qui ne marchaient pas. Finalement, ils ont fait appel à un type plus astucieux, qui m'a donné un autre antibiotique, et ma tension qui était tombée à 5 a commencé à remonter. Dans toute cette histoire, c'était aussi bien le cœur que les reins qui faiblissaient, mais dans un état d'affaiblissement non douloureux. Donc je vivais cela sans trop le comprendre. Le miracle, c'est que je ne m'attendais pas à me rétablir comme je me suis rétabli.

L. A. – Mais pour autant, vous ne vous économisez pas dans votre manière de vivre.

E. M. – Je commence quand même à limiter mes activités. Il y a beaucoup de demandes d'interviews, que je ne fais pas. Je limite les activités. J'ai été interrompu dans mon livre sur les leçons de mon expérience de vie. Mais je m'y remets à petite vitesse.

16

Les vaccins*

L. A. – Comment vivez-vous la période post-Covid ?

E. M. – Je fais aller. Je suis dans des conditions extérieures assez favorables. Mais, évidemment, un peu exilé. Le printemps marocain, à Marrakech, a déjà quelque chose d'estival et la vie quotidienne y est agréable. J'ai pu un peu travailler quand même. Je travaille à mon livre[1]. Le vrai problème, c'est, comme pour chacun, à sa façon, c'est de savoir s'installer dans l'incertitude, vivre avec cette incertitude et essayer de faire des projections d'avenir diverses, de s'informer. Je passe beaucoup de temps à m'informer, d'autant plus que l'incertitude n'est pas seulement dans nos vies, mais elle se multiplie sur le plan sanitaire. On pouvait prévoir, surtout les scientifiques, que les virus mutent souvent puisque c'est le cas du virus de la grippe qui se transforme tous les ans.

Mais l'opinion n'a pas été informée. Comme je vous l'ai déjà dit, on a tout misé sur les vaccins, sans doute salutaires, mais faits de façon accélérée, au détriment des

* Entretien réalisé par Zoom en octobre 2020.

1. Livre publié au printemps 2021 sous le titre *Leçons d'un siècle de vie* (Éd. Denoël).

remèdes dont certains sont pratiqués dans différents pays et qui sont assez efficaces. Tout se passe comme si ces remèdes… même l'ivermectine est condamnée par beaucoup d'officiels, alors qu'elle fonctionne dans d'autres pays. Il y a déjà ce problème. Il y a ce que je vous ai dit aussi, c'est que – d'ailleurs, les informations commencent à en parler – les mutants posent des problèmes sur les limites d'efficacité des vaccins. Et j'ai vu aujourd'hui qu'on annonce la possibilité d'une troisième injection pour ceux qui ont déjà deux injections et la possibilité d'une vaccination annuelle. Et il y a aussi le fait de savoir si les vaccins ARN, notamment ceux que j'ai subis, c'est-à-dire le Pfizer, n'auront pas, à la longue, un certain nombre d'effets qu'on ne peut pas prévoir et si les vaccinations répétées ne vont pas avoir un effet néfaste. Donc, si vous voulez, on est dans une affaire très difficile à prévoir, au sujet de laquelle même les scientifiques controversent, les médecins controversent, que l'opinion majoritaire n'a pas nécessairement à la bonne, parce qu'elle a d'énormes appuis financiers.

Donc c'est cette vie qu'il nous faut accepter. Je pense qu'il nous faut comprendre qu'on est obligés de s'intégrer dans cette nouvelle vie. Ce n'est pas seulement une incertitude de santé – bien entendu : c'est une incertitude beaucoup plus générale, sur nos activités, sur le destin du pays, et sur le destin même de l'humanité, à laquelle il faut penser. Les informations arrivent au compte-gouttes, très diversifiées. Il faut les chercher, il faut essayer de se faire un point de vue parmi des informations très contradictoires. Donc tout cela est un travail, mais qui nécessite aussi une vigilance permanente de l'esprit. Cela dit, moi je pense qu'il faut continuer d'informer. Le livre que j'avais commencé est dans sa période de correction. Il faut continuer à s'adonner à ses tâches fondamentales. Pour ma part aussi, je continue à défendre les idées auxquelles je crois.

Il faut que j'essaie d'intervenir, mais ce n'est pas urgent, sur ces problèmes de fond : celui de la double France, c'est-à-dire d'une France humaniste et d'une France identitaire, étant donné que, bien entendu, la France humaniste est identitaire – mais une identité ouverte, accueillante et intégrative – et que l'autre a une identité fermée et répulsive. Je pense même que la dégradation des débats publics a pris des aspects tout à fait grotesques avec le complotisme ou le dit complotisme, le retour de l'islamo-gauchisme. La dénonciation du racialisme des Noirs. Moi, je crois qu'il y a là aussi une chose d'une extrême importance : c'est vrai qu'il y a toujours eu dans les mouvements d'émancipation et de libération des excès marginaux. Moi-même, lors de la libération de Paris, qui fut un des plus beaux moments que j'ai vécus, j'ai vu des excès : il y a eu des femmes tondues, la honte sur ces femmes, il y a eu des péchés véniels qui ont été transformés en péchés capitaux. Il y a eu un excès épuratif où des innocents ont été accusés à tort, comme sous l'Occupation, des collabos dénonçaient à tort des gens prétendument résistants.

Il faut comprendre aujourd'hui, quand on dénonce un racisme de ceux qui subissent le racisme des dominants comme un contre-racisme, comme le *Black is beautiful*, que c'est un mouvement d'auto-affirmation contre l'humiliation. Il oppose un mythe racial d'humiliés à un mythe racial d'humiliants. Parce qu'avec la notion de race, la question n'est pas de savoir si elle est scientifique ou non : c'est une question de vie quotidienne. Dès qu'on voit quelqu'un qui a une peau de couleur différente ou un faciès différent, on a le sentiment qu'il est d'une autre race. On emploie ce mot. Même non-scientifiques, les gens le vivent comme cela. Donc les gens qui se sentent ostracisés par le racisme sentent que c'est leur propre race qui est elle-même ostracisée. D'ailleurs, même sans parler de race, Senghor avait parlé de négritude, et Césaire est allé beaucoup plus loin. Je pense qu'il faut considérer avec attention, avec compassion, avec amitié, le sort des gens qui sont méprisés, humiliés, subordonnés, qui n'ont pas reçu la pleine reconnaissance de leur humanité. Nous savons aujourd'hui, et nous l'avons toujours su, que le besoin d'être reconnu comme être humain à part entière est un besoin fondamental. Le sociologue Axel Honneth a montré, très justement, que beaucoup de luttes sociales sont animées par le besoin d'être reconnus. Chez les Gilets jaunes, il n'y avait certainement pas que ça, mais il y avait aussi cela. Alors, pensons surtout à ces humiliés, que ce soient les femmes, que ce soient les Noirs, que ce soient les Nord-Africains, que ce soient les Juifs, que ce soient les musulmans, à tout être humilié, il faut reconnaître son droit à la reconnaissance, il faut reconnaître sa situation. Et c'est une honte que ceux qui sont les dominants, les humiliants et les méprisants commencent à traiter les dominés et les méprisés comme racistes pour occulter leur propre racisme, dont certains, en voulant simplement assumer ce qu'ils appellent race. Voilà ce qui me semble très important aujourd'hui.

L. A. – Les livres d'histoire vont-ils retenir dans le flux du temps ce qui est en train de nous arriver ?

E. M. – On voit qu'il y a des foyers, qu'il y a des risques, qu'il y a des possibilités. Nous avons vu, jusqu'à présent, des guerres civiles avec des ingérences internationales. La guerre de Syrie était une guerre mondialisée : il y avait les Américains, il y avait les Turcs, il y avait les Français, il y avait tout le monde qui était intervenu. Bon… Donc il faut suivre les événements… Nous avons, pas seulement la tension Moyen-Orient, Arabie Saoudite et Israël, la question de Taïwan, importante entre la Chine et les États-Unis. Nous avons la question de l'Ukraine, extrêmement importante, parce que c'est un pays composite, dans lequel il y a des problèmes qui se posent avec les ambitions russes. Donc nous avons des foyers dangereux dans le monde.

Dans un sens, l'arrivée de Biden au pouvoir a atténué certains de ces dangers sans les éliminer. Par exemple, la question iranienne. On voit très bien qu'il y a une volonté de calmer de ce côté l'affaire. En revanche, je pense aussi que Biden n'ira pas dans le conflit, mais il y a quand même une chose très sérieuse avec l'histoire de Taïwan, avec l'histoire de l'Ukraine, et d'autres foyers peuvent survenir. Donc c'est un risque.

Il y a un autre risque important, c'est qu'avant la pandémie déjà, il y avait une crise mondiale des démocraties et la formation de régimes néo-autoritaires à façade parlementaire. On a hélas des très beaux exemples. La Turquie, la Hongrie, la Russie pour parler de l'Europe, et d'innombrables exemples dans d'autres continents. Mais cela veut dire aussi que cela nous touche, nous, que c'est un risque très concret pour la France, ne serait-ce qu'aux prochaines élections présidentielles. Nous avons ces problèmes. Mais nous avons encore, plus profond et plus loin, le fait que les techniques, notamment informatiques, permettent aujourd'hui la surveillance, généralisée et totale, des individus, donc des populations. La reconnaissance faciale s'ajoute à toutes les autres formes de reconnaissance, par les drones… qui font que tout ce que nous disons au téléphone, ou tout ce que nous écrivons dans nos ordinateurs est enregistré et peut être tenu et utilisé.

Aujourd'hui, certains neuroscientifiques essaient de voir si on peut deviner les pensées en regardant les interactions des neurones dans le cerveau, ce qui permettrait la production d'un *Big Brother* total qui lirait dans nos pensées secrètes. Donc nous avons tous les éléments pour un système néototalitaire qui dépasserait en efficacité celui qui a existé en Allemagne, ou en Union soviétique au siècle dernier. Ils avaient la police, une police omnipuissante, qui contrôlait même le parti. En Chine, ils conservent la police. Le danger, maintenant, c'est que la surveillance peut être quasi parfaite. Donc, nous avons des périls énormes. Et contre ces périls, nous avons très peu de consciences. Les consciences sont dispersées. Nous avons très peu d'organisations.

Par exemple, ce que nous subissons depuis les années Reagan et Thatcher, ce qu'on appelle néolibéralisme ou ultracapitalisme, c'est-à-dire la domination des pouvoirs de l'argent sur la politique, la suppression des services publics, la privatisation généralisée, la richesse accrue des plus riches, la pauvreté accrue des plus pauvres, tous ces phénomènes-là, qui ont commencé, continuent et ne semblent pas sur le point de s'arrêter… Quelles sont les forces capables de les arrêter ? On peut dire qu'avant la guerre, il y a eu le Front populaire, lequel, malheureux, a été battu, mais il a existé. Aujourd'hui, toutes les forces de gauche sont décomposées et on a l'impression de voir des morceaux de vase brisés qui essaient de se recoller d'une façon tout à fait hagarde, les uns aux autres, au lieu de rechercher la voie nouvelle, la politique dont je t'ai souvent parlé, qui intégrerait la problématique écologique, la problématique de civilisation, et le progrès humain et social. Donc, nous sommes désarmés. Aujourd'hui, nous sommes dans des débats absolument mineurs ou dégradés. Aujourd'hui, il faut penser à cette situation grave. Alors, maintenant je ne fais pas du catastrophisme, tout en sachant que des catastrophes sont très possibles. Mais, comme toujours dans ma vie, j'ai pensé que l'espoir était dans l'improbable, parce que l'improbable se réalise parfois. Parfois d'une façon atroce, parfois d'une façon bienfaisante. Moi, je l'ai vu souvent. Il faut penser qu'il y a des forces de régénération, il faut penser, comme disait Hölderlin, que c'est là où croît le péril, que le salut arrive. Ainsi, peut-être que les prises de conscience vont arriver à un moment où on sera au bord de l'abîme, où on pourra sortir. Je continuerai, avec mes faibles forces, à militer dans ce sens-là et de promouvoir ce que j'appelle la nouvelle voie.

L. A. – Comment définir cette nouvelle voie, aujourd'hui, d'un côté l'élection de Biden, qui est une bonne nouvelle, de l'autre côté la montée des autoritarismes, des dictatures, y compris en Europe qui est une mauvaise nouvelle ?

E. M. – Il y a, là aussi, tout un long cheminement à faire. Il y a une généralisation des prises de conscience qui sont toujours très lentes. La conscience écologique a été donnée en 1972 par le professeur Meadows, qui a montré que ce n'était pas seulement la biosphère qui se dégradait, mais par là même nos vies humaines, sociales, avec les pollutions de toutes sortes. Cela fait cinquante ans que cela a été dit ! Regardez la lenteur du progrès ! Et surtout, ce progrès est ralenti par la conscience d'autres crises qui occultent cette crise. Nous vivons tellement de crises enchevêtrées que cela obscurcit les esprits. Le manque de complexité dans la pensée, dans l'intelligence, fait qu'on subit ces crises de façon hagarde, en ne voyant qu'un seul aspect, un aspect unilatéral.

Il faudrait supposer qu'il y ait une révolution dans l'éducation pour enseigner aux esprits à affronter les complexités du monde. Il faudrait supposer que cette révolution dans l'éducation amène une révolution dans les prises de conscience. Il faut penser que cela amènerait à la formation d'une nouvelle force politique cohérente, animée, évidemment, de la volonté de pratiquer cette nouvelle voie. Il y a toute une série de préliminaires auxquels nous ne sommes pas encore, et il faut travailler. C'est très difficile de faire une réforme de pensée dans des conditions où la crise fait que les gens se referment, ont de plus en plus peur, où l'angoisse du lendemain est de plus en plus forte.

Je trouve que les mesures qui sont prises – confinement, interdiction de sortie, couvre-feu, pas de bars, pas de restaurants – sont comme une répétition générale de notre domestication généralisée, de la domestication de la société. Dans le fond, je ne dis pas qu'on l'a fait exprès, je n'en sais rien, peut-être que certains s'en réjouissent, mais il est indubitable que tout cela est fait dans l'absence totale de tout débat profond dans l'opinion. Il est certain que c'est déjà une expérimentation d'un régime de la surveillance et de la domestication. Il faut penser aussi que nous sommes dans une époque de crise de la science, qui était auparavant un domaine qui avait une autonomie totale. Toute une partie de cette science est entrée dans le business, à commencer par la génétique. En plus, l'hyper-spécialisation des sciences fait que les différents secteurs ne communiquent pas les uns avec les autres, ce qui est très grave en période de pandémie. Nous vivons une crise généralisée de tout, et c'est cela qui est grave. Il faut en prendre conscience, ne pas se résigner, mais il faut alerter et montrer que le pire n'est pas sûr.

L. A. – N'y a-t-il pas non plus, au nom de ce qu'on appelle l'urgence sanitaire, une volonté de la part des politiques de ne pas faire appel à notre propre principe de responsabilité, pour reprendre le titre d'un livre de Hans Jonas ? Pensez-vous que le politique est à la hauteur de la situation ?

E. M. – Évidemment non. Il est à la remorque de la situation. Il y a d'ailleurs toute une série de mesures contradictoires qui sont prises : pas de vaccinodrome, puis oui au vaccinodrome, au début pas de masques, puis oui, des masques. Il y a donc toute une série de mesures qui traduisent aussi bien le désarroi que l'impréparation totale, et pas seulement l'impréparation, mais le fait que la politique ultralibérale est en train de détruire les services publics, puisqu'on allait vers la commercialisation des hôpitaux. Il faut se rappeler qu'il y a eu un mois de grèves et de protestations des personnels soignants, comme s'ils prévoyaient les choses. Donc, il s'agit aujourd'hui de faire une politique qui rétablisse les services publics dans leur plénitude, mais aussi dans les campagnes, les dispensaires, les bureaux de poste, toute une série de choses qu'on est en train de réduire et de supprimer, de rétablir des lignes de chemin de fer secondaires pour réduire la circulation polluante de l'automobile.

Là-dessus, le pouvoir vit au jour le jour, et même, quand on voit la question des hôpitaux, on voit qu'au lieu de réformer, on maintient la politique de commercialisation qui fait que les patients deviennent des objets pour des entreprises qui doivent être rentables. Donc il y a la part d'impréparation, il y a la part de l'inattendu et il y a la part d'une politique économique qui détruit disons les qualités propres de l'État. J'ajoute qu'il y a une dégradation, une bureaucratisation de l'État qui se manifeste par des circulaires absolument grotesques comme le fameux formulaire à signer pour pouvoir se déplacer, dont le grotesque était tellement manifeste qu'il a été retiré. Pire, la haute administration est parasitée par les lobbys financiers multiples. Nous sommes dans une très très grande crise, et s'il n'y a pas une prise de conscience de cette crise, on n'en sortira pas.

L. A. – La définition de l'humain se trouve-t-elle *de facto* modifiée ?

E. M. – L'humain est absent de nos programmes d'éducation. On ne nous enseigne pas ce que nous sommes. Être humain, c'est être découpé en plusieurs morceaux : il y a la sociologie, la psychologie, la biologie. Mais l'humain n'est même pas reconnu comme une entité, alors que nous sommes des êtres à la fois psychiques, biologiques, sociaux très complexes. Qu'est-ce qu'il reste de l'humain ? Un sentiment, chez certains esprits de plus en plus restreints, malheureusement, d'une humanité commune à tous, à travers les différences, le respect d'autrui, comprendre le besoin de reconnaissance de ceux qui ne sont pas reconnus. C'est cela, être humain. Aujourd'hui, de plus en plus, c'est dégradé.

17

Né sous le signe des Gémeaux

L. A. – Merci, Edgar Morin, de nous recevoir chez vous. Évidemment, chez vous, il y a des bibliothèques, beaucoup de livres. Derrière vous, il y a un livre sur Dionysos ; à côté, un livre sur les vins, les fleurs et les femmes. Un livre aussi sur les mythologies. Avec ces trois types de livres, on peut finalement un peu essayer de vous définir… parce que c'est très difficile, de vous définir.

E. M. – Vous voulez que j'essaie de me définir ?

L. A. – Oui.

E. M. – C'est très difficile. Professionnellement, j'étais et demeure un chercheur et je garde à ce mot un sens plein. Je veux dire que je cherche : ma vie est une recherche. D'abord, une recherche pour essayer de vivre, pour essayer de comprendre, pour essayer d'être utile. Enfin, je crois que c'est le mot que je retiendrais. Pourquoi ? Parce que beaucoup de gens m'étiquettent sociologue.

J'ai fait des ouvrages de sociologie ! Non, je ne l'ai pas été parce que mon premier livre important, qui s'appelle *L'Homme et la Mort*, est la réunion des points de vue de sociologie, de psychologie, d'histoire, de mythologie des religions et même de biologie. C'est-à-dire que, quand je traite d'un sujet, j'essaye de l'éclairer dans toutes ses dimensions. Par exemple, dans *L'Homme et la Mort*, j'ai parlé de la réalité la plus biologique, qui est que l'homme meurt, et en même temps de la réalité la plus mythologique, puisque l'espèce humaine a une croyance, dès qu'elle apparaît, de croire à la survie des morts ou à leur renaissance. Est-ce que c'est de la sociologie ? Il y a de la sociologie dans tout ce que je fais. Mais je dirais qu'au XIXe siècle, quand les Allemands utilisaient le terme « anthropologie », ils entendaient une réflexion sur l'être humain en fonction des différentes connaissances que l'on peut avoir, mais aussi une réflexion dans le sens philosophique.

J'ai écrit des livres qui suivent ce chemin que j'appellerais anthropologique. C'est *L'Homme et la Mort*, c'est *Le Paradigme perdu*, *La Nature humaine* issu d'un colloque sur l'unité de l'homme que j'ai organisé…, et d'autres qui ont été stimulés par des événements, des événements qui m'ont surpris. Par exemple, mon premier livre s'appelle *L'An zéro de l'Allemagne*. Pourquoi ? Parce que je vais avec la première armée en Allemagne au moment de l'effondrement du Reich nazi.

L. A. – Est-ce que vous n'êtes pas né sous le signe du double ? Vous racontez dans un de vos livres que vous partez dans un pays lointain et que vous rencontrez là une espèce de serpent qui vous a fasciné, qui avait une tête double. Est-ce que finalement, le double ne vous a pas poursuivi tout au long de votre vie ? D'ailleurs, double de votre identité ? Morin, c'est soi-disant votre nom, mais ce n'est pas votre vrai nom.

E. M. – Si vous allez dans cette dualité, pour ne pas dire cette duplicité, d'abord, si vous étiez astrologue, vous auriez remarqué que je suis né sous le signe des Gémeaux… Ou plutôt que mon ascendant est Gémeaux, puisque je suis né sous le signe du Cancer. Mais il y a une dualité aussi assez profonde en moi, que j'ai liée, en y réfléchissant, au marranisme. Les marranes, c'étaient des gens juifs qui avaient été convertis au catholicisme durant le XIVe, le XVe siècle… en Espagne. Certains sont restés secrètement, fidèlement, juifs ; d'autres sont devenus véritablement et sincèrement catholiques. Mais il y en a quelques-uns qui, à partir de ce conflit intérieur entre les deux religions, ont fait une sorte de fuite en avant dans le scepticisme et la rationalité.

Montaigne est typiquement marrane. Et chez lui, le choc des deux religions a finalement fait « péter » l'une et l'autre, bien que, politiquement, il soit très prudent – ce qui est aussi très marrane. Vous avez aussi Spinoza. Que fait Spinoza ? Finalement, il n'a plus besoin d'un Dieu créateur, ce dont ont besoin le judaïsme et le catholicisme. Il met la divinité à l'intérieur du monde, comme la force créatrice intérieure à l'univers physique. C'est aussi Cervantès, qui est lui aussi de cette souche : il exprime avec dérision une nostalgie irrémédiable, quelque chose d'un univers perdu à jamais. Tous ces auteurs sont partis d'une dualité qui les a nourris et qui a produit la révolution intellectuelle des Temps modernes.

Quand vous parlez en effet de la Résistance, je me suis dit que j'étais sous-marin et, je dirais même, par un jeu de mots, sous-marrane. Pourquoi sous-marrane ? Parce que d'un côté, j'étais lié secrètement à l'appareil central du Parti communiste mais, d'un autre côté, je faisais partie d'un mouvement de résistance non communiste. C'était une situation qui me faisait avoir une certaine relation hypocrite parce que les gens ne savaient pas ma relation avec le communisme. Pas hypocrite sur le plan des idées, parce que je disais mes idées et les gens savaient que j'étais communiste. Mais j'avais une double identité dont j'étais très content, parce que j'avais une relation mystique avec le communisme, parce que je connaissais l'appareil du Parti. C'étaient des types très rigides, très langue de bois. Je préférais avoir une relation mystique avec le Parti et pas une relation concrète avec les gens de l'appareil. En revanche, j'avais une relation très agréable avec des gens qui n'étaient pas communistes. La relation était beaucoup plus spontanée, fraternelle, etc. Donc, j'ai vécu cette double identité dans le fond qui me plaisait assez. Et, en effet, j'ai pris à un moment donné le pseudonyme de Morin et j'aurais pu, après la guerre, changer mon nom, comme beaucoup de gens l'ont fait, comme du reste, j'ai eu la tentation de le faire. Et puis, au bout d'un certain temps, quand un avocat m'a dit « Vous savez, c'est facile de changer son nom maintenant, c'est pas cher », eh bien j'ai dit non, après tout. J'ai gardé les deux noms, c'est-à-dire que parfois je disais « Nahoum, dit Morin » ou « Nahoum-Morin », mais je vivais cette double identité. Je me disais : « Tiens, avec Nahoum, je reste fils de mon père, mais par Morin, je suis le fils de mes œuvres. » Donc, c'est vrai qu'il y a en moi une unité dans la dualité. Je suis double, mais mes deux aspects communiquent. C'est-à-dire que je ne suis pas un docteur Jekyll et Mister Hyde.

L. A. – La mort et la vie sont inextricablement liées en vous. C'est peut-être le secret de votre longévité ?

E. M. – Dans le fond, dès ma naissance, je crois que, comme je voulais vivre – la preuve, c'est que j'ai survécu à cette maladie –, je cherchais l'espérance dans quelque chose d'océanique, quelque chose de global. Bien entendu c'était l'amour, l'amour pour une femme, mais c'est venu plus tard. Cela aurait été la religion, si j'avais été capable de croire en une révélation. J'étais très fasciné par Dostoïevski, incontestablement, mais je n'arrive pas à croire. Dostoïevski lui-même croyait sans croire. C'est finalement la politique qui m'a apporté l'idée de communion avec l'espèce humaine. Cela s'est cristallisé de cette manière pour moi.

L'erreur à laquelle beaucoup de gens ont cru, c'était qu'à la fin du XXe siècle, on allait entrer dans un monde meilleur. Ce n'étaient pas seulement les communistes qui le croyaient, mais les gens qui parlaient de la démocratie, de la société industrielle évoluée qui allait résoudre tous les problèmes. On disait cela encore jusque dans les années 1960. Il y avait un espoir, mais ce que je trouve, c'cst qu'il y a eu un renversement formidable.

On se rend compte qu'on n'est pas presque à la fin de la préhistoire humaine. On est encore en plein dans cette préhistoire. Je dis souvent que ce n'est pas la lutte finale, mais la lutte initiale. Nous ne sommes que dans les préliminaires. Mais je garde une sorte de cordon ombilical avec le futur. Bien sûr, je ne crois pas au progrès automatique. Mais pour moi, l'espoir est lié à la désespérance : beaucoup d'événements qui sont survenus, encore récemment, sont désespérants. Et on en voit et on en verra d'autres. Mais je dirais que c'est peut-être ça, cette dualité encore dont vous parliez : l'espoir n'a jamais chassé le désespoir et le désespoir n'a jamais chassé l'espoir.

L. A. – Est-ce qu'on n'est pas devant une crise de civilisation, que vous avez si bien analysée à travers certains ouvrages, justement ?

E. M. – Quand un système n'arrive pas à résoudre quelques-uns de ses problèmes les plus fondamentaux et les plus urgents, alors, c'est le moment où, ou bien il y a un clash, quelque chose, ou bien on passe à un système plus riche, un métasystème qui permet de résoudre les problèmes. Je vous donne un exemple tiré de *L'Histoire même de la vie*.

Dans l'histoire de l'humanité, pendant des dizaines de milliers d'années, il y a eu des sociétés qu'on appelle archaïques, de quelques centaines d'individus sans État, sans agriculture, de chasseurs-cueilleurs qui se débrouillaient pas mal. À un moment donné, dans certaines conditions, en Mésopotamie, par exemple, ou dans le bassin de l'Indus, on ne sait pas exactement comment, mais il y a eu un regroupement de populations, un passage à l'agriculture. L'agriculture a fait qu'il a fallu des greniers, puis des milices pour défendre des greniers. Il y a eu des nobles, des pillards nomades qui venaient, comme dans *Les Sept Samouraïs*, imposer le tribut. De fil en aiguille, la création des villages, d'un roi qui devient celui qui fait payer le tribut aux autres, la ville-forteresse. Voilà comment notre histoire s'est mise en marche.

L. A. – Pensez-vous que le chômage est un des facteurs les plus préoccupants de notre démocratie ?

E. M. – Non. Je pense que c'est un élément parmi d'autres de cette crise profonde de nos sociétés et de la civilisation qui amènent à chercher. Or, je crois que la solution aujourd'hui est dans la solidarité extrême de la vie économique internationale et surtout européenne. La solution doit être de chercher et trouver au niveau d'un ensemble européen. Bien entendu, la seule solution aux grands problèmes de ce temps ne peut être que mondiale. Mais on n'en est pas là. Regardez, rien que sur l'écologie, à quel point ça piétine après toutes les conférences. Je crois que nous allons vers des crises de plus en plus graves, parce que les solutions ne peuvent pas être programmées en amont. Il faut qu'à un moment donné, différentes forces se mettent en mouvement et se rejoignent, deviennent synchrones pour faire émerger la nouvelle forme d'organisation sociale.

L. A. – Vous avez été l'ami de François Mitterrand que vous avez connu dans la Résistance. Avez-vous voté pour lui ?

E. M. – Quand il s'est présenté aux élections contre de Gaulle en 1965, je me souviens que j'avais écrit un article dans *Le Monde* en expliquant que je ne voterais ni pour de Gaulle, ni pour Mitterrand. Ma raison de ne pas voter était que tant que la gauche n'aurait pas repensé sa propre politique, tant qu'elle n'aurait pas fait une révision, n'ayant pas retrouvé de nouveaux fondements, tant qu'il n'y aurait pas cette réforme intellectuelle et politique, je ne donnerais pas de chèque en blanc. C'est ce que j'ai pensé en 1965. Il n'était pas content, bien entendu. Ensuite, par la suite, j'ai maintenu cette position parce que, même en 1981, j'ai préféré m'abstenir.

L. A. – Vous n'avez pas voté ?

E. M. – Non, car je me considère de gauche, mais pas de la gauche officielle du tout. Pourquoi je n'ai pas voté ? D'abord parce que je pensais qu'il y avait quelque chose de grotesque derrière le nom « programme commun ». Remarquez, c'était grotesque. Mais ce qui est vrai, c'est que Mitterrand a réussi l'opération qui était finalement d'étouffer, dans son baiser, le Parti communiste. Vous me direz que Marchais a beaucoup contribué à la déchéance du Parti communiste, mais Mitterrand lui a donné un petit coup de main. C'était une opération politique pas mal. Mais ce n'était pas tellement de ce point de vue-là que cela me gênait, ça me semblait tellement bébête, des sornettes, ce problème du programme commun. Je ne voulais pas entrer dans ce jeu-là. Je voyais autour de moi l'enthousiasme d'amis. J'étais par exemple au *Nouvel Observateur* dans la réception-soirée au moment des élections, et autour de moi, j'ai vu des gens pousser des clameurs de joie, d'enthousiasme. Je me souviens que Gilles Martinet m'a dit dans le creux de l'oreille « Maintenant, attachons les ceintures ! » Sa prédiction était prématurée d'ailleurs. Je voyais donc cet enthousiasme, j'étais moi-même assez content que la gauche passe après la droite, mais je suis resté dans une position critique.

Quand est paru le livre de Péan *Une jeune française*, ce ne fut pas une révélation pour moi. Bien entendu, il y avait des tas de détails que j'ignorais avant le livre de Péan. Du reste, j'ai suivi la fabrication du livre, puisque Péan m'avait lui-même interrogé. Je savais que Mitterrand venait de Vichy.

L. A. – Vous saviez qu'il avait la francisque ?

E. M. – Je n'étais pas sûr, je n'en savais rien. Mais s'il l'avait, cela était dépassé par son activité de Résistance.

L. A. – Ça ne vous choque pas aujourd'hui ?

E. M. – Vous savez, il y a des tas de gens qui ont été vichystes : le maréchal Juin, pratiquement toute l'armée qui a fait la gare en Italie, à part le général Koenig et la petite troupe de Bir-Hakeim. Enfin, beaucoup de gens se sont ralliés à la Résistance. Certains sont restés purs tout le temps, d'autres sont venus après. Je ne suis pas Dieu le Père et ne peux donc condamner à jamais. Je ne suis pas de ceux qui veulent cacher pudiquement ces choses-là, mais ce qui m'est apparu dans cette histoire, ce n'est pas le passé de François Mitterrand. Nous savions tous qu'il venait de Vichy, comme de Lattre de Tassigny ou Juin, puis plus tard on pouvait connaître le passé de Mitterrand, si on le voulait. Ce n'était pas ça l'important. Ce qui m'a frappé, c'est l'affaire Bousquet. À vrai dire, je ne savais pas exactement qui était Bousquet. J'ai été, du jour au lendemain, invité à une émission de télévision de Christine Ockrent. On parle de Bousquet, et je dis alors que j'ai un sentiment de l'amitié qui est transpolitique. Pour moi, si Mitterrand était ami de Bousquet, c'était normal qu'il reste son ami. Je ne connaissais pas Bousquet. Mais, ce qui a joué pour moi, c'est quand j'ai cru qu'il était à terre, quand beaucoup de ses amis le lâchaient, beaucoup de ceux qui le flattaient, avaient écrit des articles pompeux sur lui, quand les rats ont quitté le navire, j'ai eu un sentiment personnel : je voyais un vieux lion à terre. Et puis j'ai eu un réflexe pour lui tendre la main, pour qu'il se relève. D'autant plus que c'est une époque aussi où on a appris qu'il avait ce cancer, où on voyait qu'il avait son visage qui avait beaucoup changé. Il était devenu blême, il était desséché. Je n'ai pas eu de pitié bébête. J'ai voulu montrer qu'il ne faut pas le réduire à un épisode passé. Il s'est relevé, il était costaud. Je ne regrette pas ce geste, parce que même dans la politique, il faut tenir compte de la complexité humaine.

L. A. – Chez vous, l'engagement politique et la pensée du monde ont toujours fait bon ménage. Pensez-vous toujours que les sciences humaines doivent beaucoup plus s'enrichir des sciences exactes et vice versa ?

E. M. – Oui. Quand, de retour des États-Unis, je suis revenu en France, je me suis dit qu'il fallait créer un centre où les gens puissent faire communiquer les sciences humaines et les sciences biologiques. Cela m'a toujours scandalisé, encore aujourd'hui, qu'on étudie d'une part le cerveau en biologie, et l'esprit en psychologie. Nous sommes des êtres biologiques et on étudie l'homme biologique dans la biologie. Mais nous sommes des êtres spirituels, sociaux, culturels, qu'on étudie dans les sciences humaines. L'homme est disjoint en deux. Mais mon idée, c'est qu'il faut voir qu'on est multidimensionnel. Je voulais faire ça et j'avais l'aide de Jacques Monod, de François Jacob. Il y a eu des biologistes qui m'ont beaucoup aidé, m'ont fait connaître des choses, comme Henri Atlan.

L. A. – Il y en a d'autres qui vous en ont voulu.

E. M. – Inévitablement, car les contrebandiers, on ne les aime pas. Surtout ceux qui passent les frontières sans avoir des papiers en règle. Ce qui s'est passé, c'est qu'à un moment donné, dans ma tête, un mot s'est imposé : le mot « méthode ». Je ne savais même pas ce que je voulais mettre dedans. Je trouvais le problème qui m'avait hanté toute ma vie. Comment ne pas se tromper ? Parce que, dans le fond, ce problème, je l'ai connu surtout sur le plan politique. Quand je pensais à cette période d'avant la guerre où les gens étaient affolés : les uns devenaient profascistes par anticommunisme, d'autres procommunistes par horreur du fascisme. Les choses oscillaient dans tous les sens. Après, rétrospectivement, on a dit qu'il ne fallait pas faire les accords de Munich, etc., il y a eu tellement d'erreurs. Moi-même, j'ai commis une erreur quand je suis devenu communiste, parce que rien ne me destinait à le devenir. Simplement, j'ai cru qu'il fallait adhérer à cette seule force capable de lutter contre le nazisme, d'après moi. Je me suis trompé. Ce n'est pas que je regrette. Je ne regrette pas ce que j'ai vécu : c'était une expérience formidable. Je me dis que même moi qui me croyais si intelligent, j'étais capable de me tromper, d'avoir des raisonnements faux. C'est le problème qui m'a toujours hanté, contre lequel j'ai toujours réagi en essayant, quand j'ai fait mes études, comme dans *L'Homme et la Mort*, de voir les différents aspects d'un même phénomène, de voir le pour et le contre. Je me suis dit qu'il fallait faire attention, avoir des moyens de se tromper le moins possible, de penser le plus correctement.

L. A. – Car vous ne pensez pas qu'on peut atteindre la vérité. Vous citez souvent Pascal pour qui le contraire de l'erreur, ce n'est pas la vérité.

E. M. – C'est une vérité contraire. Alors là, ça fait partie de mon esprit, ma dualité. Je suis très sensible à des vérités contraires.

L. A. – Vous êtes un maître à dé-penser ?

E. M. – Je n'irai pas jusque-là parce qu'on peut dé-penser pour mieux repenser. Mais vous citez Pascal.

L. A. – Je crois que c'est l'auteur le plus cité par vous à l'intérieur de vos livres.

E. M. – Oui, et j'ai compris pourquoi sur le tard. Pascal, d'un côté, il doute. C'est un fils de Montaigne. D'un autre côté, il a la foi. C'est un type rationnel et c'est un homme religieux. Chez lui, religion, raison et foi se combattent l'une l'autre. Comme il est très rationnel, il dit que la raison est limitée, donc qu'il y a quelque chose au-delà de la raison. Mais surtout, il dit cette chose que je reprends entièrement : le pari. La grande différence, c'est que lui, il parie pour Dieu, parce qu'il a compris cette chose – parce qu'il est sceptique et rationnel –, c'est qu'on ne peut pas prouver rationnellement l'existence de Dieu. C'est cela qu'il a compris. C'est le premier penseur vraiment moderne dans ce sens-là. Je parie toujours. Je parie effectivement pour Liberté, Égalité, Fraternité. Mais je ne sais pas si cette trinité s'imposera. Pour moi, la morale, c'est toujours un pari parce que les bonnes intentions ne suffisent pas. Avec les meilleures intentions, on peut faire les pires choses. J'ai connu tellement de braves gens qui croyaient travailler pour le salut de l'humanité, pour émanciper l'humanité, qui, sans le savoir, travaillaient pour son esclavage. Essayons de dé-penser plus correctement, de ne pas abandonner à nos pulsions, de nous contrôler nous-mêmes. Je suis aussi fils de Montaigne, je pense que c'est très important de s'autoregarder, de s'autoexaminer. La méthode est un peu le fruit de tout cela puisqu'à l'époque, à partir des années 1960, on a compris que la vie n'était pas une substance différente de la substance physico-chimique, mais qu'elle était faite avec les mêmes ingrédients. C'est l'organisation vivante qui est différente. À partir du moment où on a compris cela, la vie organique nous ramène au monde chimique, au monde physique. Alors là, j'ai fait une exploration, une aventure qui m'a passionné… Et puis, j'ai essayé de la retranscrire dans le cinquième tome de ma méthode intitulé *L'Humanité de l'humanité*.

L. A. – Vous dites dans un de vos ouvrages, qui s'intitule *Terre-patrie*, que nous n'avons jamais été aussi gardés et protégés par ce qui nous menace : la science et la médecine.

E. M. – La science a révélé, à partir de Hiroshima, résultat des découvertes sur la structure de l'atome, et maintenant avec la manipulation éventuelle de la génétique, qu'elle n'était pas seulement une force bienfaisante, mais qu'elle pouvait être destructrice. Même, on peut dire que l'humanité est menacée par un produit de la science qui est la bombe atomique, qui existe toujours. C'est d'ailleurs inquiétant. Il paraît maintenant qu'on en est à des petites bombes de poche. Deuxièmement, c'est le progrès de la technique, de l'industrie, inséparable des progrès de la science, qui fait qu'on est menacés par des dégradations très fortes dans la biosphère. Donc, c'est très curieux de voir cette chose si bienfaisante, qui est en même temps malfaisante. Cela montre la complexité de tout ce qui est humain.

L. A. – C'est le constat de la ruine définitive de l'idée de progrès.

E. M. – Exactement. L'idée de progrès est téléguidée par celle du progrès mécanique, bien entendu, parce que moi, je crois qu'il y a un progrès possible, mais seulement possible. Pour moi, l'idée de Terre-patrie est très importante. Pourquoi ? Non seulement parce que tous les grands problèmes sont planétaires : on a des problèmes communs. Ce que j'ai dit : l'écologie, la drogue, la guerre. Mais ensuite, nous savons maintenant que nous sommes tous des Terriens, nés de cette terre, de l'évolution biologique, que l'espèce humaine, à travers cette diversité, a une unité fondamentale, et qu'il faut sauver à la fois sa diversité et son unité. Aujourd'hui, dans cette époque dite de mondialisation où ce sont des processus économiques aveugles qui déferlent sur le monde, la riposte ne peut pas être dans le renfermement ethnique ou particulariste sur soi. La seule réponse est d'enraciner dans les esprits, partout sur la planète, cette conscience que la Terre est leur patrie. Cela ne veut pas dire nier les différentes patries qui existent. Au contraire, cela veut dire qu'on a une patrie plus profonde, plus ancienne et plus globale. Si on prend cette conscience-là, alors l'humanité serait armée pour affronter son destin et son devenir.

L. A. – On ne peut plus croire à l'idée de progrès. Vous avez parlé sans arrêt de désespoir et d'espoir comme intrinsèquement liés. Quelle est votre espérance sur le devenir du monde ?

E. M. – L'avenir est tout à fait imprévisible. Je crois que se produit une lutte gigantesque entre des forces de désintégration, de dégradation, y compris en Europe, qui est menacée, et des forces d'intégration, de confédération, de rassemblement. Cette lutte n'est pas décidée et les grandes bifurcations ne sont pas encore arrivées. Malheureusement, il me manque la vision prophétique. Je ne pense pas que les problèmes pourront être fondamentalement résolus en quelques années. J'espère que, dans les années qui viennent, on pourra éviter des grandes catastrophes. Il faut continuer à œuvrer dans le sens qui semble juste, tout ce qui fédère, tout ce qui unit, tout ce qui rassemble, à commencer par l'Europe. Et puis, sur le plan fondamental, j'ai fait une chose qui a beaucoup choqué des gens à la fin de mon livre, qui s'appelle *L'Évangile de la perdition*. J'admets très bien que des gens croient à un salut religieux. Mais si on n'est pas dans le salut religieux, alors on devrait penser que nous sommes perdus, nous sommes perdus sur cette petite planète, on ne sait pas pourquoi nous sommes nés. Nous allons tous mourir, et même la vie mourra finalement à un moment, même si on émigre vers d'autres astres, vers d'autres systèmes. L'univers ou bien va se disperser, ou bien se contracter. Puisque nous sommes perdus, soyons frères. C'est un peu une idée bouddhiste. Fraternisons parce qu'on a tous le même destin terrible. Et sachons jouir aussi de la vie parce que, de plus en plus, je crois en la vertu des extases de l'histoire. Je crois en la poésie de la vie. Nous vivons la poésie de la vie quand nous aimons, quand nous jouissons, quand nous fraternisons, dansons, quand nous chantons, quand nous sommes dans des fêtes. La prose, ce sont des choses ennuyeuses, nécessaires, utilitaires. On ne peut pas y échapper, mais je crois que vivre, c'est vivre poétiquement. Sinon, c'est survivre. À mon avis, il faut parfois vivre, pour survivre, pour gagner sa croûte. Mais il faut survivre pour pouvoir vivre. Et si je pensais à tous les chômeurs, aux malheureux et aux exclus, tellement de gens qui ne réussissent pas à vivre, je crois que le programme fondamental, c'est vivre, vivre, faire en sorte qu'on puisse réaliser poétiquement sa propre vie.

18

L'amour encore et toujours

L. A. – Qu'est-ce que l'amour ?

E. M. – Je pense que l'amour, c'est quand l'être aimé est poétique, dans le sentiment poétique. Pour moi, l'amour, c'est quelque chose effectivement qui donne de la poésie dans la vie et quand il y a la perte de la poésie, c'est l'irruption de la prose. Qu'est-ce que l'irruption de la prose ? C'est l'homme qui ne s'essuie pas assez bien les pieds sur le paillasson, c'est la femme qui fait traîner sa serviette hygiénique. Les mêmes choses, comme prendre le petit déjeuner ensemble, qui est une activité prosaïque, dans le sens où on a besoin de se sustenter, le fait que deux êtres qui s'aiment le prennent ensemble poétise cette chose prosaïque. Il n'y a pas des choses prosaïques en soi. Il y a des choses utilitaires, pratiques, techniques, etc. Mais dans la poésie, vous transcendez tout cela parce que ce qui vous importe, c'est l'être aimé. Mais dès que cette poésie chez l'autre diminue, vous êtes envahi par la prose. Au début, on n'y fait pas attention. La qualité de poésie qui irradie de l'être aimé et que vous ressentez en vous-même, l'état poétique dans lequel vous êtes, vous empêche de considérer avec dégoût, avec dédain, avec irritation ou avec énervement mille petites choses et dès qu'effectivement, les petites irritations deviennent finalement les choses les plus importantes, il n'y a plus d'amour.

L. A. – Docteur Edgar, l'amour peut-il survivre au temps ?

E. M. – Personne ne peut le prédire. Nous avons vu des cas d'amour très durables qui se régénèrent. Ils sont extrêmement rares, bien entendu, parce qu'il y a deux choses : pas seulement l'invasion de la prose, mais aussi le fait que l'attachement très proche est une chose qui finit par atténuer et affaiblir le désir le plus souvent. Je précise souvent, parce que là aussi, il y a des cas où ça ne l'est pas.

L. A. – Comment ? Vivre ensemble, cela désérotise ?

E. M. – À la longue, oui. Mais cette tendance n'est pas chez tout le monde.

L. A. – Donc, si vous voulez rester amoureux, chacun chez soi.

E. M. – Non, cela n'est pas nécessaire. L'amour peut rester très fort psychiquement, malgré l'affaiblissement du désir. Pourquoi n'y a-t-il pas de désir entre l'enfant et la mère adulte ? Cela a été vérifié chez les chimpanzés, c'est-à-dire que les chimpanzés devenus adultes ne communiquent pas avec la mère, alors qu'on pensait qu'ils se mélangeaient tous, etc. Pourquoi ? Parce qu'ils ont vécu ensemble, il y a un attachement.

Il y a aussi cette contradiction dans l'amour. D'un côté, il y a une pulsion extrêmement exogame qui vous fait attirer l'autre, la personne d'une autre population. Mais il y a aussi une pulsion endogame, qui vous fait risquer l'inceste dans l'amour. Ou bien vous risquez de trahir votre clan, c'est Roméo et Juliette, c'est la trahison des siens. Ou bien au contraire, l'amour, c'est l'inceste, c'est la chose interdite. L'amour navigue entre ces deux interdits. C'est triste. C'est une aventure, l'amour. Personne ne peut dire comment conduire son amour. Il n'y a pas un art de conduire. Il n'y a pas de recette pour faire du bien. C'est une aventure, on s'y engage et on peut se tromper. C'est pour cela que je pense que l'amour est le comble de la folie et de la sagesse, c'est-à-dire qu'ils se permutent l'un dans l'autre. On ne sait jamais si on est dans la folie ou dans la sagesse. La seule chose que l'on sait, c'est qu'une vie trop raisonnable est folle. Mais la seule chose aussi, c'est qu'on ne peut pas être tout le temps dans la folie. Dans le fond, dans ce livre, ce que j'ai voulu faire, c'est étudier les rapports entre amour, poésie et sagesse. Parce que l'amour, c'est une des formes les plus belles de la poésie vécue. Mais la sagesse, c'est vouloir un peu de rationalité. Malheureusement, être trop rationnel dans sa vie est absolument absurde parce qu'on perd la vie, donc c'est fou. C'est le dialogue permanent entre notre sagesse et notre folie qui, à mon avis, est la seule sagesse possible et cela inclut l'amour évidemment.

L. A. – Comment savez-vous quand l'amour est mort ?

E. M. – Je crois que quand il n'y a plus de poésie, l'amour est mort.

L. A. – Mais on n'est pas poétique vingt-quatre heures sur vingt-quatre.

E. M. – Être source de poésie, le mot « source » veut bien le dire, cela veut dire que vous inspirez la poésie, le savoir que cet être vous inspire. Vous ne faites pas le compte des heures où il est poétique, et de celles où il ne l'est pas.

L. A. – Donc, soit on est vos muses, soit on n'est rien ? Vous ne nous aimez plus ?

E. M. – Il faut être muse, c'est très bien.

L. A. – Vous nous demandez tout, à nous les femmes : être muse !

E. M. – Je dis ma phrase à l'envers : dès que vous voyez uniquement l'autre être comme un être prosaïque, vous ne l'aimez plus. Vous pouvez peut-être encore avoir un peu d'amitié, d'affection, etc., mais vous ne l'aimez plus. C'est la prosaïté totale de l'être qui fait qu'il n'y a plus d'amour.

L. A. – Vous partez, à ce moment-là ?

E. M. – Au sujet de la permanence, puisque je dis que l'amour est une chose qui se régénère, c'est quelque chose qui vient à un moment donné, mais qui, comme une source, peut se tarir, puis revient.

L. A. – Mais nous, on n'y peut rien. On ne peut pas entretenir comme un geyser votre puissance poétique.

E. M. – Je ne parle pas du point de vue des hommes, mais aussi de celui des femmes.

L. A. – Mais vous n'êtes pas une femme.

E. M. – L'autre peut être une femme. Une femme aime quand l'autre est, pour elle, source de poésie. On peut avoir des passions purement physiques, où la poésie est limitée au moment même de l'acte érotique. Mais sinon, s'il n'y a que le dédain, le mépris, etc. on dit qu'« elle l'a dans la peau », mais qu'elle ne l'aime pas. On a quand même bien des différences. C'est un peu bateau de voir la femme soit idéalisée soit putain : c'est une chose typique de la civilisation dite judéo-chrétienne. Parce que l'image idéalisée de la femme qu'on aime est symbolisée par la mère, par la vierge. Et à ce moment-là, il se crée une schizophrénie entre la tendance vers le haut, qui va tarir le désir sexuel, et la tendance, disons, vers le bas, qui va vers le désir, entre guillemets, infâme. Beaucoup d'êtres vivent cette dissociation. Mais quand on rencontre l'unité, justement, de l'adoration, du mystique et du physique, c'est les moments privilégiés de l'amour. Mais cela ne peut pas être permanent, vous avez raison, même dans une vie. Ce sont des moments sublimes.

L. A. – Quand on est vraiment tombé dans l'amour, est-ce qu'on a plus de capacité à aimer quelqu'un d'autre ? Est-ce une pratique, un don ou une drogue ?

E. M. – C'est lié à la capacité d'émerveillement devant autrui. Je crois que quand on a tari en soi la capacité d'émerveillement, d'émotion, tout se prosaïse. C'est cela qui est étonnant. Il y a des visages qui suscitent en vous une sorte de mysticisme poétique.

19

L'éternel amoureux. L'amour comme secret de longévité

L. A. – Je me demande si l'explication à votre énergie, à votre vitalité, ce n'est pas le fait que vous soyez un éternel amoureux ?

E. M. – Si je n'avais pas eu une présence amoureuse à mes côtés quand j'ai entrepris d'écrire *La Méthode*, le haut-fourneau de ma production ne se serait pas allumé. J'ai toujours besoin du feu de l'amour. J'ai par exemple adoré ma femme défunte Edwige, à qui j'ai consacré un livre et qui est toujours très présente dans ma vie, – car on n'aime jamais deux fois de la même façon.

J'ai un immense amour pour ma femme actuelle, Sabah Abouessalam. Je suis en quelque sorte un jeune époux, puisque je me suis marié avec elle il y a quelques années. Nous partageons une communauté de destins puisque son père est mort quand elle avait dix ans, tout comme moi quand j'ai perdu ma mère ; elle s'est retranchée de sa famille tout comme moi ; elle a vécu une expérience révolutionnaire au Maroc, comme moi au Parti communiste ; elle a même utilisé mon livre *Autocritique* pour se libérer de son dogmatisme ; elle a fait des études de sociologie pendant lesquelles elle a lu *Le Paradigme perdu* et quelques-uns de mes livres de sociologie. Elle me connaissait donc très bien et profondément. Je l'ai pour ma part découverte et je crois que nous sommes dans un état que Francesco Alberoni appelait l'« *innamoramento* », l'amour à l'état naissant.

Le problème de cet amour est de le conserver dans le temps, car il se dégrade naturellement. Mon expérience de l'amour m'a fait conclure que l'amour dure tant que l'autre a eu pour soi une source de poésie et d'émerveillement. Si l'autre perd ses qualités poétiques, on a beau lui reconnaître toutes les vertus, on ne peut plus aimer. Ma première femme Violette était par exemple quelqu'un de formidable, mais nous nous sommes en quelque sorte dépoétisés l'un et l'autre. La qualité poétique est un ingrédient d'une relation qui perdure même quand l'amour physique n'existe plus. L'amour, la curiosité et l'amitié sont les choses qui me font vivre, littéralement.

L. A. – Peut-on dire que vous êtes un éternel adolescent ?

E. M. – J'espère avoir tous les âges de la vie, garder la curiosité de l'enfant, les aspirations de l'adolescence, un peu de responsabilité d'adultes, que j'ai eues pendant la Résistance, moins par la suite, et puis l'expérience de la vieillesse. C'est une étape très difficile car il ne s'agit pas seulement d'avoir vécu mais d'avoir tiré les leçons de ce qu'on a vécu. J'espère être resté un vieux gamin, tout en étant un « vieux-vieux ».

L. A. – Vous vous êtes donc marié à 90 ans ! Est-ce que la vie commence à 90 ans ?

E. M. – La vie a recommencé à 90 ans. Je veux continuer à explorer, à travailler, à donner mes messages. Je veux vivre, mais je sais très bien que la mort viendra frapper.

L. A. – Vous connaissez la mort, parce que vous l'avez étudiée.

E. M. – C'est surtout que je l'ai vue de près, car j'ai vécu la mort de ma mère et de très bons amis pendant la guerre, ai risqué plusieurs fois ma vie. La mort m'a donc donné plusieurs faux rendez-vous. Elle me disait à chaque fois, au dernier moment, « à plus tard ». J'ai encore récemment été hospitalisé. L'AFP avait fait un communiqué et tous les journaux avaient commencé à préparer ma nécrologie. Ils ont sans doute été déçus. Cela me rappelle Paul Léautaud, dont des journaux avaient annoncé la mort sous l'Occupation, et qui leur avait envoyé un communiqué disant que cette information était prématurée.

L. A. – Je vous repose la question : qu'est-ce qu'un « vieux-vieux » ?

E. M. – Un « vieux-vieux » est quelqu'un qui accepte de se mettre à l'écart du monde, de se résigner, de vivoter.

L. A. – Qu'est-ce qui vous reste à faire ?

E. M. – J'ai des livres en projet encore, sur le sujet de la réforme de l'éducation et de la pensée. J'aimerais faire des articles sur des phénomènes contemporains comme les rumeurs, l'affaire Dieudonné, etc. Je suis toujours animé par le besoin d'intervenir, de travailler, d'interroger. Je n'ai pas changé.

L. A. – Vous n'auriez pas voulu une autre vie que la vôtre ?

E. M. – J'aurais aimé avoir une autre tête, comme celle de Roland Barthes, ou de certains acteurs de cinéma.

Mais je n'aurais pas aimé avoir une autre vie que la mienne parce que je ne sais pas ce qu'elle aurait été. Je ne sais pas ce que j'aurais été si ma mère n'était pas morte quand j'avais 10 ans, s'il n'y avait pas eu la Résistance. Tous mes malheurs, mes tragédies, m'ont servi à être plus conscient, ont nourri ma pensée. Je vous disais dans un entretien précédent que je ne pouvais pas séparer ma vie de ma pensée. C'est pourquoi je ne peux pas imaginer ce qu'aurait été une autre vie. Je ne dis pas que je suis content d'avoir eu ma vie, mais je suis content de ne pas avoir dérivé. J'ai vu tellement de gens qui abandonnaient leurs idées et leurs inspirations, s'installer. C'est la seule chose dont je suis fier : je n'ai pas dérivé.

L. A. – Vous avez expliqué ce que voulait dire penser mais vous ne nous avez pas dit ce qui vous faisait penser. Est-ce que tout vous fait penser ?

E. M. – Je suis animé par une pulsion interrogative. L'unité est à chercher dans cette perpétuelle interrogation, dans la façon de voir la complexité, que ce soit dans *L'Homme et la Mort*, dans l'étude de Mai 1968, dans les enquêtes de terrains sociologiques ou les problèmes de méthode. Parmi mes livres, certains ne sont pas des livres, mais des retranscriptions d'émissions de radio. Mais, que ce soient des journaux que j'ai tenus et publiés ou des ouvrages théoriques, je vois toujours le même Edgar Morin, qui se lance cependant dans des champs divers. Ma vie a été une lutte entre une diversification qui m'amenait à la dispersion et une tentative de me reconcentrer. C'est dans les moments de reconcentration que j'ai pu faire mes ouvrages sur la méthode.

L. A. – De reconcentration, mais aussi de dépression, car vous parlez de cela dans vos livres. Vous avez des moments où le haut-fourneau fonctionne à toute vitesse, dans une exaltation intense, et d'autres où vous vous enfoncez dans la dépression, et où vous vous interrogez sur le fait de savoir si vous arriverez un jour à retravailler.

E. M. – À vrai dire, je n'ai eu qu'une seule vraie dépression dans le sens clinique du terme. Mais je suis un peu un cyclothymique, passant d'états d'exaltation à des phases de mélancolie. D'ailleurs, mon père était un homme qui avait un caractère très heureux, toujours gai, à chanter, alors que ma mère était une grande mélancolique. Ce sont les gènes de mon père qui font de moi un homme qui aime toujours blaguer, plaisanter, et ceux de ma mère qui peuvent parfois me dominer, me rendant mélancolique.

L. A. – Et du côté de votre corps, de qui avez-vous hérité cette solidité physique et intellectuelle ?

E. M. – J'ai plutôt le visage de ma mère, mais j'ai beaucoup de traits de mon père. Dans ma famille paternelle et surtout maternelle, les hommes étaient plus grands que moi, faisaient plus d'un mètre quatre-vingts, des grands bruns, certains avec les yeux bleus.

L. A. – Pourquoi n'avez-vous jamais fait de politique ?

E. M. – J'ai toujours fait de la politique mais je n'ai jamais été un politicien. Je suis toujours intervenu dans l'espace public mais l'expérience du Parti communiste m'a décidé à ne jamais intégrer un parti. J'ai décidé de rester autonome, et j'ai eu la chance d'avoir eu pendant des années une liberté de tribune dans *Le Monde* qui m'a permis d'intervenir sur de nombreux sujets comme la guerre du Golfe, d'Algérie, etc. J'ai l'impression qu'intervenir personnellement est beaucoup plus efficace que de le faire depuis un parti ou en signant des pétitions. Je signe des pétitions pour aider des gens malheureux, qui risquent d'être exécutés, mais je signe très rarement dans un sens politique.

L. A. – Vous n'avez peur de rien ?

E. M. – Oh si, au contraire, j'ai peur de tout ! Turenne disait : « Tu trembles, carcasse, mais tu tremblerais bien davantage si tu savais où je vais te mener ! » J'avais par exemple très peur au début de la Résistance, puis je me suis habitué à porter sur moi des documents, des armes, tout en sachant que je pouvais être contrôlé. À l'origine, j'étais un peu peureux et j'ai d'ailleurs écrit dans *Autocritique* : « Quelle volupté pour un pleutre d'être un héros. » Je ne suis cependant pas un héros, même si j'ai couru des risques. Tout s'est fait naturellement. On est pris dans un mouvement. Je n'oserais jamais refaire des trafics clandestins échappant aux contrôles des policiers. Même quand je suis contrôlé à une douane, j'ai toujours peur d'être fouillé, alors qu'à l'époque, je m'en fichais.

L. A. – Pourquoi refusez-vous d'être un sage ? Vous êtes d'une modestie confondante, ne voulant être « ni sage, ni maître ».

E. M. – Je ne veux pas avoir des disciples. J'aime beaucoup l'idée que les gens subissent l'influence de ma pensée pour leur propre pensée. Mais je n'aime pas l'idée des disciples, qui évoque, non pas la servilité, mais la dépendance. Courteline avait fait cette boutade, répliquant à un admirateur qui ne cessait de lui dire « Maître » : « Traitez-moi de vieux con tant que vous y êtes. » Pour moi, la sagesse à l'état pur n'existe pas, l'idée d'une vie complètement rationnelle est fausse ; il faut toujours dialectiser passion et raison. Il faut garder une veilleuse de la raison, même dans la plus grande passion et, inversement, de la passion dans les choses rationnelles que l'on fait. La non-élimination de la passion me différencie de l'idée classique du sage détaché du monde. Je conserve et entretiens la rationalité dans la tentative de ne jamais se laisser aveugler par la passion. Il n'y a plus pour moi de sagesse au sens antique du terme, mais une vie qui accepte une part de folie comme ingrédient de la sagesse. L'amour est le comble de l'union de la sagesse et de la folie.

L. A. – Qu'est-ce que le bonheur ?

E. M. – Le bonheur n'est pas une chose que je recherche mais quelque chose que j'ai cependant rencontré. Il y a différents types de bonheur : il y a des bonheurs d'instant, comme celui que procure la vue d'un beau coucher de soleil, d'un beau papillon, d'un beau visage de femme ou d'un beau film. Il y a ensuite des périodes de bonheur, qui nécessitent des conditions à la fois intérieures et extérieures. Il faut avoir beaucoup d'amour et beaucoup d'amis. Ce fut mon cas par exemple lorsque je fus rue Saint-Benoît, dans une communauté avec Marguerite Duras, Robert Antelme et Dionys Mascolo. Ce fut également le cas en Californie, où j'avais amitié, amour et une culture magnifique autour de moi. J'ai eu aussi une période de bonheur lorsque je me trouvais en Italie, et que je rédigeais le début de *La Méthode*.

Je vis actuellement une période de bonheur, car j'ai l'impression de vivre comme un nouveau marié, avec Sabah. J'ai eu également beaucoup de périodes tristes et douloureuses, comme la maladie d'Edwige, puis la perte de nombreux amis.

Alors le bonheur est pour moi une chose qui va et vient. Il faut être ouvert à la possibilité du bonheur et avoir une capacité d'être heureux. Les vrais mélancoliques ne peuvent jamais vraiment être heureux. Il existe des moments où cependant tout s'harmonise autour de soi. Lorsque l'on perd ce bonheur, on le paie cependant cher. Après la Californie, par exemple, je suis retombé dans une vie un peu prosaïque, comme après la Résistance. Toutes ces phases alternent. Pour moi, le mot important n'est pas « bonheur », mais « poésie ». Vivre poétiquement, c'est vivre en communion, en effusion, en amour, en jeu, en amitié. La poésie est la condition de tout, et notamment du bonheur.

L. A. – On a parlé de quelques-unes de vos facettes : le philosophe, l'anthropologue, le voyageur, le scientifique. Il y a aussi le cinéaste : vous avez fait avec Jean Rouch un film qui s'intitule *Chronique d'un été*, qui a été récemment restauré. C'était un film totalement novateur. Dans ce film, qui était une nouvelle manière de faire du cinéma, en interrogeant les gens sur ce qu'ils ressentaient au plus profond d'eux-mêmes, il y avait cette question lancinante qui revenait : « Êtes-vous heureux ? » Cette question était posée à tous les participants, dont notamment Marceline Loridan, qui a récemment disparu. Alors, je vous pose la question : êtes-vous heureux ?

E. M. – Il y a deux types de bonheur. Il y a des moments heureux, fugitifs. Un beau paysage, un coucher de soleil, un vol d'hirondelle, un bon repas entre amis. Il existe aussi des périodes heureuses, qui peuvent durer plus ou moins, mais qui ne peuvent qu'être provisoires car il y a toujours, soit la dispersion de ceux qui étaient heureux parce qu'ils s'aimaient, soit la mort. Moi, j'ai vécu des périodes heureuses. Cette année par exemple, rue Saint-Benoît, nous formions une communauté avec des amis. J'ai vécu aussi en Toscane des périodes heureuses, toujours avec ce caractère de communauté et de jouissance dans une nature. J'ai même eu des moments intenses, que j'appelle des extases de l'histoire, comme la libération de Paris, le printemps à Lisbonne, la chute du mur de Berlin. Mais je ne sais pas ce que c'est qu'une vie heureuse. Je pense même que cela n'est pas possible, car on ne peut pas éviter les chagrins, les séparations, les morts. D'un côté, je me sens bien de continuer mes activités, à vivre, à réfléchir, à voir mes amis, à être moi-même, mais en même temps, que de douleurs de voir disparaître les uns après les autres les amis très chers. Tout cela a commencé depuis les années 1980, et continue, jusque très récemment, avec le décès de mon amie Florence Malraux. La question que je me pose donc est celle de savoir si je sauve la partie poétique de ma vie. Car c'est elle qui me donne des sources d'épanouissement, des périodes de bonheur. Pour moi, le bonheur est subordonné à la plénitude intérieure, à la communauté et à l'amour avec autrui. C'est cela, le fond de tout.

L. A. – Vous n'aimez pas être considéré comme un maître, cependant, à l'intérieur de votre œuvre, il y a plusieurs thématiques qui nous permettent de mieux vivre. Il y a justement la Résistance permanente, l'éveil vers la réalité, la lucidité, l'absence de mensonge, la croyance dans les valeurs républicaines. Et puis, il y a l'approche assez tranquille de la mort. Aujourd'hui, vous avez 100 ans, vous êtes dans une forme olympique. Sur quoi travaillez-vous et qu'espérez-vous vivre encore ?

E. M. – J'ai rédigé des souvenirs en vrac. J'ai écrit beaucoup de choses assez autobiographiques comme *Autocritique*, mais cela était toujours mis sur le plan de mon évolution intellectuelle. Cette fois, c'est beaucoup plus ciblé sur mes émotions, mes rencontres, mes relations personnelles. Ce ne sont pas des mémoires chronologiques : un souvenir en évoque un autre et ainsi de suite. Je suis en train de corriger tout cela, car j'écris dans le désordre. Cela me plaît beaucoup car je retrouve les gens que j'ai aimés à travers cela. Je leur donne une autre vie posthume. En plus des personnes très célèbres, j'ai connu des personnes extraordinaires, qui sont inconnues. Les faire connaître est pour moi plus qu'un devoir, c'est une joie. Donc, je fais ce livre à la fois dans les rires et dans les larmes. Et puis, il se trouve que lorsque récemment je suis allé à Bordeaux, j'étais avec Jane Goodall, cette femme extraordinaire, et j'ai fait un discours sur la fraternité. Je suis en train de le reprendre pour en faire une petite brochure.

Il est vrai qu'à mon âge, j'ai besoin de repos. Mais je ne peux pas me reposer entièrement. J'ai besoin d'activité, d'alternance avec du repos. Concernant la mort, il y a deux choses que je voudrais dire. Premièrement, effectivement, dès que j'ai le sentiment de participer à quelque chose, de ne pas être isolé mais de participer à un mouvement, mes angoisses de mort sont refoulées. Ce n'est pas qu'elles disparaissent, mais elles sont refoulées. À d'autres moments, je sens un grand vide. Je comprends alors que mon moi, mon « je », va disparaître. Il ne s'agit pas de la disparition de mon corps mais de la disparition de mon « je », de l'univers en même temps que moi. Mais ce sentiment arrive, disparaît, est refoulé de nouveau. Je continue à avoir des projets. Bien entendu, je ne sais jamais si je passerai la nuit prochaine, néanmoins, je vis dans un devenir. Je veux pouvoir continuer à apporter ma contribution aux choses auxquelles je crois, notamment à la conscience écologique, à sauver, par mon minuscule rôle, l'humanité.

Parfois, tout en ayant la conscience de mon âge, je sens que je suis resté un être infantile, qui aime beaucoup le jeu, un reste d'adolescent, gardant ses aspirations sans illusion, un petit peu adulte parce que j'ai pris quelques sens des responsabilités et puis que j'essaie de tirer de l'expérience de l'âge un peu de sagesse, mais pas trop, parce que je sais que la sagesse pure est une forme de folie. Il faut mélanger toujours la raison et la passion, la sagesse et la folie.

En guise d'épilogue

Il y a quelques jours, Edgar est venu à la maison avec Sabah pour parler de la vie comme elle va. Il avait prévenu : « Aujourd'hui, je suis fatigué, je suis sorti hier et je me suis couché tard. » Il avait dîné avec ses enfants et était rentré joyeux et rasséréné. « Maintenant je peux mourir en paix. » Edgar dit souvent ce genre de phrase et on ne peut pas lui en vouloir. Sa vie est un cimetière et c'est peut-être ce qui le fait le plus souffrir, l'absence présence de ses amies, ses amis. Mais Edgar a ce don particulier de converser naturellement avec ses morts et cela depuis longtemps. Il n'en tire pas une particulière fierté mais cela lui donne un avantage : côtoyer l'éternité… Et ne pas se sentir particulièrement fragile. Alors en cette belle journée d'hiver, il arrive fringant, toujours dandy jusqu'à son foulard savamment noué autour de son cou, et sa barbe de trois jours comme tout jeune geek qui se respecte et entend se faire respecter. La fin du printemps dernier a été rude : deux graves accidents de santé, la mort si proche, et puis hop, encore le miracle qu'il attribue, en bon scientifique, non à son instinct de vie mais au progrès médical et à l'excellence des médecins qui le suivent.

Edgar n'en revient pas d'être toujours là et, comme un enfant trop gâté par le père Noël qui s'impatiente en ouvrant le dernier jouet, se plaint d'avoir aujourd'hui plus de 100 ans ! Et oui c'était mieux avant ! Mieux d'attendre d'avoir 100 ans puis les fêter… avec les amis, la famille, avec le président de la République avec qui il a chanté tard le soir à l'Elysée « Le chant des Partisans », avec Paco Ibáñez venu pour lui jouer à Montpellier. Et puis voilà, à la fin de l'été, la fête était finie, on sifflait la fin de la récré…

Allait-on encore s'intéresser à lui maintenant qu'il avait franchi ce cap symbolique ? Après quelques mois difficiles, d'autant plus compliqués par le retour de la pandémie annoncée et répétée par lui, Edgar a repris ses recherches, rebâti des scénarios d'une complexité du monde qui ne cesse d'augmenter, et tire chaque jour de sa croyance en l'amour le goût de vivre, goût, dit-il, dont il a hérité. En lui le passé devient présent avenir dans le tourbillon des émotions des perceptions et des souvenirs.

À lui le dernier mot. Regardant le bleu du ciel cet après-midi-là, il sourit et explique : « Je me souviens que mon père, quand il était très vieux, je l'avais invité en Californie et il aimait mettre une chaise sur le gazon devant la mer et attendre. Et moi un de mes bonheurs c'est d'être assis et de regarder le ciel. C'est un bonheur d'un type nouveau. »

Remerciements

Merci à Sabah Morin, Véronique Nahoum-Grappe, Alexandra Brouillet, Marie Grée, Élodie Royer et Jean-Luc Barré.

Table des matières

Les Éditions Points s'engagent pour la protection de l'environnement et une production française responsable

Ce livre a été imprimé en France, sur un papier certifié issu de forêts gérées durablement, chez un imprimeur labellisé Imprim'Vert, marque créée en partenariat avec l'Agence de l'Eau, l'ADEME (Agence de l'Environnement et de la Maîtrise de l'Énergie) et l'UNIC (Union Nationale de l'Imprimerie et de la Communication).

La marque Imprim'Vert apporte trois garanties essentielles :

- La suppression totale de l'utilisation de produits toxiques
- La sécurisation des stockages de produits et de déchets dangereux
- La collecte et le traitement de produits dangereux

RÉALISATION : NORD COMPO À VILLENEUVE-D'ASCQ
IMPRESSION : CPI FRANCE
DÉPÔT LÉGAL : NOVEMBRE 2022. N° 151214 (3049320)
IMPRIMÉ EN FRANCE